Renate Jensen
Erich Hornstein

»Schaut auf den Stern«

Krippenspiele für Kindergarten, Schule und Gemeinde

HERDER
FREIBURG · BASEL · WIEN

MIX
Paper from responsible sources
FSC® C010798

www.herder.de

Umschlaggestaltung: wunderlichundweigand
Umschlagmotiv: Anneka/shutterstock.com

Satz: post scriptum, Vogtsburg-Burkheim/Hüfingen
Herstellung: Graspo CZ, Zlín

Gedruckt auf umweltfreundlichem, chlorfrei gebleichtem Papier
Printed in Czech Republic

ISBN 978-3-451-37699-3

Inhalt

Abkürzungen zu Liederbüchern und CDs

EG	Evangelisches Gesangbuch
GL	Gotteslob. Katholisches Gebet- und Gesangbuch
KiGoLo	Weil du da bist. Kinder-Gotteslob
GfY	God for You(th). Das Benediktbeurer Liederbuch
TfG	Troubadour für Gott. Neue Geistliche Lieder

CD 1:	»Detlev Jöckers 40 schönste Advents- und Weihnachtslieder« – Doppel-CD, Label »Menschenkinder«
CD 2:	»Detlev Jöckers bunte Liederwelt – kleine Kerze leuchte«, Label »Menschenkinder«
CD 3:	»Detlev Jöckers Liederbuch-CD – meine Weihnachtszauberwelt«, Label »Menschenkinder«
CD 4:	»Rolf Zuckowski – Winterkinder«, Label »Polydor«
CD 5:	»Rolf Zuckowski – Rolfs bunter Adventskalender«, Label »Musik für Dich«
CD 6:	»Detlev Jöckers bunte Liederwelt – Weihnachten ist nicht mehr weit«, Label »Menschenkinder«
CD 7:	»Hört ihr alle Glocken läuten«, Label »Menschenkinder«
CD 8:	»Zünd die erste Kerze an«, Label »Don Bosco«

Vorwort

Alle Jahre wieder stehen Haupt- und Ehrenamtliche in Kirchengemeinden und Schulen vor der Aufgabe, Große und Kleine durch die Advent- und Weihnachtszeit zu begleiten. Die Erwartungshaltung der Gottesdienst- und Veranstaltungsbesucher ist gerade in dieser Zeit sehr hoch. Die Sehnsucht, dass es auch im eigenen Herzen Weihnachten wird, lässt Menschen auf die Suche gehen. So sind die Besucherzahlen ungewöhnlich hoch und in Gemeinden und Schulen öffnet sich die große Chance, in einfacher und ehrlicher Sprache von Gott zu erzählen. Doch die Kehrseite dieser sehnsuchtsvollen Zeit ist der hohe Druck, unter dem all diejenigen stehen, die den Gottesdiensten und Veranstaltungen Inhalt verleihen dürfen. Die Botschaft von Advent und Weihnachten niederschwellig und verstehbar, aber doch theologisch fundiert und tragfähig zu formulieren, ist eine große Aufgabe. Alle Jahre wieder stehen wir neu davor.
Für die Verkündigung der Weihnachtsbotschaft in szenischen Darstellungen bietet das Buch zahlreiche Vorlagen und Anregungen.

Im Abschnitt I finden Sie vier Anspiele für die Adventswochen, die besonders für den Kindergarten geeignet sind, dann einen Nikolausgottesdienst und ein Krippenspiel für Kinder im Grundschulalter. Warum steht ein Nikolausgottesdienst in einem Buch mit Krippenspielen? Die Figur des Nikolaus ist eine typische adventliche Heiligengestalt. Nikolaus sah die Not von Menschen und half. Er beschenkt auch heute Erwachsene und Kinder und weist auf das viel größere Geschenk Gottes hin: die Geburt Jesu Christi an Weihnachten.

Die Weihnachtsspiele im Abschnitt II in diesem Buch gehen vom Leben heute aus. Dort will Gott zur Welt kommen. Diese Botschaft von Weihnachten, die sich an alle Menschen wendet, wird jeweils mit aktuellen Bezügen szenisch dargestellt und zugleich zu den biblischen Geschichten in Beziehung gesetzt. Die fünf Weihnachtsspiele haben im Unterschied zu Krippenspielen den Anspruch, dass sie mit ihrer Botschaft nicht nur die Kinder im Blick haben, sondern vor allem auch die Erwachsenen. Diese Weihnachtsspiele wurden im Rahmen von Wortgottesdiensten an Heiligabend in München in der Gemeinde St. Willibald von Erwachsenen und Erstkommunionkindern gestaltet. Erwachsene lasen die Texte, Kinder stellten es pantomimisch dar.

Im Abschnitt III stehen Krippenrundgänge: Das sind kurze szenische Anspiele für zwei Personen. Das Wort Rundgang darf ganz wörtlich genommen werden: Zwei Darsteller gehen durch den Gottesdienstraum und unterhalten sich. Die Gottesdienstteilnehmer erfahren, was sich Hund und Katze im Stall von Betlehem zu sagen haben, lauschen himmlischen Gesprächen zweier Engel oder begeben sich in die Niederungen damaliger Weltpolitik. Die Szenen könnten ebenso gut gelesen und nicht gespielt werden und eignen sich daher, um mit wenig Aufwand eine lebendige Verkündigung zu erreichen. Die Szenen lassen sich aber auch kombinieren und zu Krippenspielen zusammenfügen.

Abschnitt IV bietet die Feier einer Waldweihnacht: ein Angebot für Familien mit Kindern. Es wird auf das paradiesische Miteinander aller Geschöpfe am Ende der Zeiten geschaut und die heute notwendige Bewahrung der Schöpfung in den Blick genommen. Es wird so gezeigt, welchen Frieden Gott uns schenken will, den die Welt nicht geben kann.

Zahlreiche Tipps zu Kostümen, Requisiten und eine reiche Liedauswahl runden die Vorlagen ab. Alle Vorlagen stehen auch als Downloadmaterialien zur Verfügung, siehe S. 152.

München und Flensburg, im Mai 2017

Erich Hornstein / Renate Jensen

I. Adventfeiern und Krippenspiel

Für Kindergarten, Grundschule und Gemeinde

Die Adventfeiern und Krippenspiele

Der Adventzeit kann in Kindergarten, Schule und Gemeinde eine besondere Prägung gegeben werden. Die Geschichte des Eselchens Talitha erfordert erzählerisches Talent und Fantasie, bringt den Kindern jedoch so reiche religiöse Erfahrungen, dass die Vorbereitungen viele Früchte tragen werden. Ist in dieser Erzählung stärker die Kompetenz eines einzelnen Erzählers erforderlich, so benötigt der Nikolausgottesdienst einen »theatererfahrenen« Nikolaus. Von ihm hängt das Vermitteln der Botschaft wesentlich ab. Dann werden die Kinder die Bedeutung ihrer gefüllten Stiefel gewiss nicht mehr vergessen. Auch das Krippenspiel spricht die Kinder in ihren alltäglichen Erfahrungen an: der schlitzohrige Händler, der enthusiastische Sohn, die missachteten Hirten und der bevormundende Vater. Dies alles sind Menschen, deren Gefühle auch Kinder kennen. Sie bei den Menschen unserer Weihnachtsgeschichte zu finden, lädt ein, sie aus ganzem Herzen zu spielen.

I.1 Der lange Weg nach Betlehem – Talitha erzählt

Renate Jensen

Charakterisierung:
Diese vier Anspiele können Kindergartenkinder in den Wochen des Advents begleiten. Der Aufbau ist zu jeder Feier gleich. Dies hilft den Kindern, sich an die Ereignisse der letzten Erzählung zu erinnern. Ein kleiner erzählerischer Rückblick – vielleicht unter Einbeziehung der Kinder – erleichtert dann den Fortgang der Erzählung.

Vorbereitungen

Rollen:
Hauptperson ist die kleine Eselin namens Talitha. Sie wird die Kinder durch die Geschichte führen. Ein kleiner Stoffesel ist für diese Aufgabe am besten geeignet. Die dazu passenden Puppen für Maria, Josef und die weiteren Personen können entweder selber hergestellt oder im Fachhandel erworben werden. Erfahrungsgemäß sind Kinder sehr bescheiden und ihre blühende Fantasie wiegt eine eventuelle mangelnde Handfertigkeit in der Herstellung bei Weitem auf.

Das Augenmerk sollte auf einer einfühlsamen und lebendigen Erzählung liegen. Dann werden die Kinder das Eselchen lieben und seine große Aufgabe mit Begeisterung verfolgen.

Raumgestaltung:
Wenn die räumlichen Gegebenheiten vorhanden sind, bietet sich eine gestaltete Mitte an wie sie auf dem Foto der Seite 7 zu sehen ist. Die Kinder nehmen rundherum Platz.

Szene I: Talitha stellt sich vor

Lied

Begonnen wird jeweils mit einem Lied, das zum Abschluss nochmals gesungen wird.
»Wir sagen euch an den lieben Advent« *(GL 223/EG 17)*
Oder: »Herr, wir warten auf dich« *(GFY 405)*
Oder: »Ich zünde eine Kerze an« *(T/M: Stephen Janetzko; CD 8; Strophe 1)*

Der Erzähler hält das Eselchen in der Hand. Die erzählten Inhalte werden in Ruhe vom Erzähler durchgeführt und die Figuren immer so hoch gehalten, dass alle Kinder sehen können.

Talitha: Guten Morgen! Ich heiße Talitha. Ich möchte euch heute erzählen, wie mein Leben sich plötzlich veränderte. Ich bin ein graues Eselchen und schon ein bisschen älter. Nicht nur an meinem Fell merke ich, dass ich älter werde. Ich habe auch nicht mehr so viel Kraft wie ein junger Esel. Viele Jahre habe ich für meinen Herrn schwere Lasten getragen.

Wenn möglich, kleine vorbereitete Säckchen dem Esel über den Rücken hängen.

Talitha: Ich war ein fleißiges Eselchen. Doch eines Tages stolperte ich und verlor mein Gleichgewicht. Ich fiel und verletzte mein eines Vorderbein sehr. Ich blutete und hatte große Schmerzen.

Ein kleines rotes Stofftüchlein kann, um das Bein des Eselchens gewickelt, die Verletzung darstellen.

Talitha: Aber das Schlimmste war, dass mein Herr mich einfach im Stich ließ. Er wollte mich nicht versorgen, nahm mir einfach die Last, die noch auf meinem Rücken lag, ab und ließ mich auf dem Marktplatz stehen. Nur ein paar Meter weiter kaufte er sich einen neuen jungen Esel und zog davon. Da stand ich nun und wusste nicht wohin. Außerdem tat mein Bein so weh. Was sollte nur werden? Ich hatte niemanden, war hungrig und durstig und hatte dazu ein schwer verletztes Bein. Da fühlte ich plötzlich eine ganz liebe Hand auf meinem Rücken. Und eine leise Stimme sprach zu mir:
Maria: Was bist du denn für ein armes kleines Eselchen? Was ist dir nur passiert? Und warum kümmert sich niemand um dich?

Talitha: Ich drehte mich langsam um und sah in das liebe Gesicht einer Frau, die ich gar nicht kannte.

Das Stoffeselchen und die Puppe Maria werden der Erzählung entsprechend bewegt und gehalten.

Talitha: Vorsichtig schnaubte ich die Frau an. Sie roch so gut und streichelte mich sanft. Ich war so froh, dass sie bei mir war. Sie schaute sich um.
Maria: Wem gehörst du nur? Niemand schaut nach dir. Merkwürdig. Bist du ganz allein?
Talitha: Ich drängte mich an sie heran und sie lächelte.
Maria: Du bist ein liebes Tier. Ich nehme dich einfach mit und pflege dich wieder gesund, ja? Schlimm sieht ja dein Bein aus, mein armer Esel. Wirst du den Weg nach Hause schaffen?
Talitha: Wie freute ich mich. Sie sagte: nach Hause! Ich liebte diese Frau schon jetzt! Ihr wollte ich so gerne gehören und irgendwann, wenn mein Bein wieder gesund war, würde ich sie als Dank auf meinem Rücken tragen! Und so ging sie mit mir Schritt für Schritt den Weg zu ihrem Haus. Ganz langsam musste ich gehen und wenn ich gar nicht mehr konnte, blieben wir ein Weilchen stehen und sie streichelte mir den Rücken und sprach mir gut zu. Endlich waren wir angekommen. Sie bewohnte nur ein einfaches kleines Haus und dicht dran stand ein kleiner Stall.

In der vorbereiteten Mitte kann aus einfachstem Material, z. B. aus einem bemalten Pappkarton oder aus Holz, ein Haus errichtet werden.

Talitha: Für mich war er groß genug. Die Frau holte einen Eimer mit Wasser, wusch meine Wunde sauber und machte mir einen Verband um mein Bein.

An dieser Stelle kann der kleine Stoffesel ein kleines Stückchen Verbandsmull um sein Bein bekommen.

Talitha: Dann gab sie mir ein großes Fuder Heu und ich durfte in meinem neuen Zuhause ausruhen. Da hörte ich eine Männerstimme.
Josef: Maria, wo bist du?
Maria: Hier.
Talitha: … antwortete die Frau. Maria hieß sie also.
Maria: Ich bin hier bei unserem Esel, Josef!

Talitha: Josef war also der Mann, der zu ihr gehörte.

Nun kann der Erzähler Maria und Josef in den Händen halten und den Dialog der beiden erzählen.

Josef: Wo bist du, Maria?! Bei unserem Esel?! Seit wann haben wir einen Esel?
Maria: Oh, mein lieber Josef, seit heute. Ich habe einen Esel auf dem Marktplatz gefunden.
Josef: Maria, man findet nicht einfach einen Esel auf dem Marktplatz. Du kannst nicht einfach ein Tier, das da so steht, mitnehmen. Das ist Diebstahl!
Maria: Ich bin keine Diebin, Josef! Er gehört niemandem! Und außerdem, schau mal, er ist verletzt! Ich musste ihm helfen!
Josef: Auch das noch, ein alter, struppiger und verletzter Esel!
Wir bekommen kaum unsere Hühner satt, wie jetzt noch einen Esel, der uns nicht gehört?!
Maria: Mein lieber Josef, sei nicht böse. Ich bürste ihn, bis er schön ist, und ich selber sorge schon für so ein bisschen Heu und ich pflege ihn, bis er gesund und ein starker Esel ist.
Josef: Oh Maria, der und ein starker Esel. Einerlei. Nun ist das Tier hier. Aber ich werde mich erkundigen, wem es gehört, und es dann zurückbringen, damit das klar ist. Wir stehlen keinen Esel.
Talitha: Ja, liebe Kinder, so hat mein Leben mit Maria und Josef in dem kleinen Ort Nazaret angefangen. Da lebten wir drei. Aber ich sah schon, dass wir bald zu viert sein würden. Denn Maria hatte schon einen dicken Bauch: Ein Baby wuchs in ihr heran. Und trotzdem machte sie sich ganz viel Mühe mit mir. Sie bürstete mich jeden Tag, wechselte den Verband und fütterte mich mit allem, was mir schmeckte. Ich liebte meine Maria und ich glaube, sie mich auch. Langsam wurde ich wieder ein schöner Esel und mein Bein heilte. Ich konnte es schon wieder gut aufsetzen und humpelte fast nicht mehr. Vor allem, wenn Maria sagte: »Lauf mal einen kleinen Schritt, mein Esel«, dann gab ich mir alle Mühe. Eines Morgens nahm Maria mir den Verband ab und sagte:
Maria: Das sieht so gut aus, ich glaube, du brauchst keinen Schutz mehr, mein kleines Mädchen, meine kleine Talitha!
Talitha: Da hatte ich meinen Namen, denn Mädchen heißt in der Sprache, die Maria spricht: Talitha. Ich wurde eine Talitha. Ein neues Leben hatte angefangen. Ich freute mich so sehr: Endlich hatte ich ein Zuhause und einen Namen. Denn mein alter Besitzer, hatte Josef gesagt, hatte mich gar nicht mehr wiederhaben wol-

len. Und nun wartete ich darauf, endlich für meine Maria da zu sein und sie stolz und sicher auf meinem Rücken zu tragen. Denn der große Babybauch machte ihr ordentlich Mühe und nun war sie es, die ganz langsam ging und manchmal auch Schmerzen in den Beinen hatte. Ich wollte ihr so gerne helfen.
Und nächstes Mal erzähle ich euch, wie ich mich dem Josef als starker Esel zeigte.

Das Lied wird nochmals gesungen.

Szene II: Der Aufbruch nach Betlehem

Lied

»Dicke rote Kerzen« *(T: Rolf Krenzer, M: Detlef Jöcker; CD 6)*
Oder: »Ich zünde eine Kerze an« *(T/M: Stephen Janetzko; CD 8; Strophe 2)*

Die Mitte ist so gestaltet wie in der ersten Einheit. Der Esel Talitha, Maria und Josef werden gebraucht. Wenn möglich, kann das Gewand von Maria mit Watte oder Ähnlichem etwas ausgestopft werden, um die Schwangerschaft deutlich zu machen. Der Erzähler nimmt jeweils die Person, von der er erzählt, in die Hand und führt mit dem erzählenden Eselchen durch die Geschichte.

Talitha: Guten Tag, liebe Kinder! Ihr erinnert euch doch sicher noch an mich, oder? Wisst ihr noch, wie ich heiße?

Erzähler wartet auf Rufe der Kinder. Mit Sicherheit wird der Name genannt. Dann spricht der Esel weiter.

Talitha: Ja, genau. Das habt ihr euch gut gemerkt. Ich bin Talitha, Marias kleiner Esel. Letztes Mal habe ich euch ja erzählt, dass Maria mich einfach mit zu sich nach Hause genommen und mein verletztes Bein so lange gepflegt hat, bis ich wieder gesund war. Und schaut mal, was für ein schöner Esel ich geworden bin.

Erzähler dreht das Eselchen stolz hin und her. Vielleicht kann es auch eine schöne kleine Decke tragen oder einen kleinen Blütenkranz.

Talitha: Und Josef, der Mann von Maria, mag mich jetzt auch ganz gerne. Es ist so schön, mit den beiden zu leben. Und bald werden wir zu viert sein, denn Maria ist schwanger. Wisst ihr, was das bedeutet?

Der Erzähler gibt Gelegenheit, dass die Kinder diese Frage beantworten.

Talitha: Ja, Maria bekommt bald ihr erstes Kind. Und Josef und sie sind schon sehr aufgeregt und glücklich.
O, da kommt Josef ja.

Der Erzähler nimmt Puppe Josef in die zweite Hand.

Talitha: Da kommt Josef … Aber wie sieht er aus?! Er sieht heute ganz traurig aus und bedrückt. Was hat er nur? Ich gehe mal hin und stupse ihn ein wenig mit meiner Nase an.
Josef: Ach, du bist es, meine kleine Talitha. Liebes Tier. Ja, du merkst, wie traurig ich bin, nicht wahr? Ich habe schlechte Nachrichten für Maria. Der Kaiser Augustus hat befohlen, dass wir alle unsere Namen in eine Liste schreiben müssen, und zwar in der Stadt, aus der wir stammen. Und weißt du, meine kleine Talitha, wohin Maria und ich jetzt gehen müssen? Nach Betlehem! Stell dir das vor: nach Betlehem! Das ist so weit, so unendlich weit weg. Und Maria wird bald unser erstes Kind zur Welt bringen und wir sind dann vielleicht mitten auf dem Weg. Verstehst du!? Mitten auf dem Weg nach Betlehem wird unser Kind geboren! Wie soll das gehen? Und Maria, sie kann gar nicht laufen. Schau ihren Bauch an, das Baby ist schon so groß geworden, dass sie niemals eine so lange Strecke gehen kann. Die Beine, die Füße, der Rücken, alles tut ihr weh. Ach, Talitha, ich bin verzweifelt.

Der Erzähler lässt Josef sein Gesicht auf den Rücken des Esels drücken und schlingt, wenn möglich, seine Arme um Talithas Hals.

Talitha: Natürlich habe ich jedes Wort verstanden, was Josef zu mir sagte. Ich wusste zwar nicht, wie weit der Weg nach Betlehem war, aber ich wusste, wie stark ich war. Ich war mir ganz sicher, dass ich meine Maria um die ganze Welt tragen würde. So machte ich mich ganz stark und groß, als Josef sich an mich lehnte und trappelte vorsichtig mit meinen Beinen. Josef richtete sich auf.
Josef: Meinst du, Talitha, meinst du wirklich, du bist stark genug?
Talitha: Aufgeregt machte ich ein paar Bocksprünge, um zu zeigen, wie viel Kraft ich hatte. Und mein Josef verstand mich.

Josef: Du bist ein gutes Mädchen, Talitha. Ich bin so froh, dass Maria dich damals einfach mitgenommen hat. Wir werden es mit dir wagen, ja? Ich sage Maria Bescheid. Dann packen wir ein paar Sachen und du bekommst eine feine Decke auf deinen Rücken, Talitha. Dann geht es los. Auf nach Betlehem.

Der Erzähler legt Josef beiseite und der Esel erzählt weiter. Eine kleine feine Decke für den Eselsrücken hält der Erzähler bereit, vielleicht auch kleine Satteltaschen, die beim Erzählen aufgelegt werden.

Talitha: Ich war so aufgeregt! Endlich konnte ich zeigen, wie lieb ich Maria und Josef hatte. Endlich konnte ich meine Maria tragen. Ich bekam eine schöne weiche Decke umgelegt (und leichtes Gepäck). Und als Maria fertig war, setzte sie sich auf meinen Rücken und streichelte meinen Hals. Ich hörte genau, wie sie mir zuflüsterte:
Maria: Danke, kleine Talitha.
Talitha: Ich war so stolz und so froh! Ich trug die schönste Last meines Lebens. Auf nach Betlehem!
Und wie aufregend unsere Reise wurde, das erzähle ich nächstes Mal weiter.

Das Lied wird nochmals gesungen.

Szene III: Der Weg nach Betlehem

Lied

»Tragt in die Welt nun ein Licht« *(KiGoLo 202)*
Oder: »Ich zünde eine Kerze an« *(T/M: Stephen Janetzko; CD 8; Strophe 3)*

Die dritte Erzähleinheit zeichnet einen aufregenden Weg nach Betlehem. In der gestalteten Mitte fehlen diesmal Haus und Stall von Maria und Josef. Mit einfachen Mitteln kann ein Weg auf die Decke gelegt werden (kleine Hölzer, eine in Schlangenlinienform geschnittene Bastelpappe oder kleine Kieselsteine als Weg), kleine Steine und Bäume (Knetgummi mit eingesteckten kleinen oder größeren Zweigen) symbolisieren eine Landschaft, blaue Pappe oder ein blaues Tuch den Fluss. Talitha erinnert kurz und erzählt dann die Geschichte weiter.

Talitha: Guten Tag, liebe Kinder! Gut, dass ihr gekommen seid. Es gibt so viel zu erzählen, denn uns ist Aufregendes passiert. Ihr wisst ja noch, dass Maria und Josef

mit mir auf dem Weg nach Betlehem sind, oder? Gut! Nur, weil der Kaiser wollte, dass alle Menschen ihren Namen in seine Listen schreiben. Für Maria war das ein schwerer Weg, denn sie war schwanger und ihr erstes Kind sollte bald geboren werden. Deshalb brauchte sie mich.
(Stolz:) Ich bin die starke Eselin Talitha. Mein Bein, das Maria gepflegt hat, ist wieder so stark, dass ich Maria nun auf meinem Rücken tragen kann. Denn viel laufen kann sie nicht mehr, das Kind in ihrem Bauch ist schon so groß, dass es schwer ist für ihren Rücken und die Beine. Wie gut, sie hat ja mich! So sind wir aufgebrochen. Ganz früh am Morgen. Da scheint die Sonne noch nicht so heiß. Josef ging neben mir her und führte mich. Vielleicht hatte er Angst, dass ich zu schnell oder unvorsichtig laufen würde und Maria von meinem Rücken fallen könnte. Aber das war gar nicht nötig. Ich setzte vorsichtig Huf vor Huf und versuchte möglichst wenig zu ruckeln und zu schaukeln, damit Maria es gut hatte. Wir machten viele Pausen und immer wieder schaute sich Josef mein Bein an und nickte dann zufrieden:
Josef: Es sieht gut aus und wird nicht dick. Starkes Mädchen, Talitha.
Talitha: Ich war stolz. Dann wurde es Abend und wir mussten unter freiem Himmel schlafen. Josef legte viele Decken für Maria auf die Erde, um sie weich zu betten und warm zu halten. Dann machte er ein kleines Feuer als Schutz vor den wilden Tieren und zum Wärmen.
Josef: Ich bleibe wach, schlaf du nur!
Talitha: … sagte er zu Maria.

Während des Erzählens verändert der Erzähler entsprechend die Mitte mit den Figuren.

Talitha: Aber ich ahnte, dass auch Josef sehr müde war. Und wirklich, Josef schlief ein. Ihm fielen einfach die Augen zu. Nur ich war noch wach. Und ich wollte unbedingt auf die beiden aufpassen. Ich lauschte in alle Richtungen. Nichts zu hören. Nur das Feuer knisterte. Und irgendein merkwürdiger fremder Geruch lag auf einmal in der Luft. Ich schnupperte und schnupperte. Was war das? Ich kannte den Geruch nicht, aber er machte mir Angst. Und dann hörte ich auch ein leises Geräusch, es klang wie … ein Anschleichen, wie Pfoten auf dem Weg. Die Zweige raschelten. Es musste ein wildes Tier sein, nicht so groß, dafür war es zu leise. Angestrengt versuchte ich, durch die Blätter und Zweige zu schauen. Wer schlich sich da an uns heran? Plötzlich sah ich stechende grüne Augen aus einem Gebüsch gucken, ein katzenartiges Tier mit schwarzgeflecktem hellbraunem Fell schlich heraus und machte sich bereit zum Angriff. Aber es hatte nicht mit mir gerechnet! Niemand sprang meine Maria und meinen Josef an! In dem Moment, in dem die Wildkatze

zum Sprung ansetzte, raste ich so schnell mich meine Beine trugen auf sie zu und wirbelte mit meinen Vorderhufen um ihren Kopf herum. Ich wollte sie nicht verletzen, aber ich wollte sie unbedingt vertreiben. Dabei schrie ich, so laut ich konnte, ein schreckliches: Iaaaahhhh! Iaaaaaahhhh!
Ihr könnt mir glauben, wenn ich sage, dass die Wildkatze vor Schreck erstarrte und mit ihrem Sprung fast in der Luft hängen blieb. Kaum landete sie wieder mit ihren Pfoten auf der Erde, rappelte sie sich hoch und jagte mit hoch erhobenem Schwanz ins Gebüsch zurück. Um ihr ein wenig Angst zu machen, tat ich noch zwei Galoppsprünge hinterher, aber sie war weg.
Jetzt erst merkte ich, wie mein Herz schlug und wie aufgeregt ich war. Denn eigentlich kämpfen Esel nicht, sie laufen eher weg, wenn Gefahr da ist. Aber das hätte ich doch nicht tun können! Ich musste kämpfen für Maria!
Plötzlich fühlte ich ihre warme Hand auf meinem Rücken:
Maria: Was bist du nur für ein wunderbarer Esel, kleine Talitha!
Talitha: Maria hatte alles beobachtet und auch Josef war wach geworden. Josef sagte nichts, er klopfte mir nur meinen Hals und dann wischte er sich eine Träne aus den Augen. Das habe ich genau gesehen.
Nächstes Mal erzähle ich, wie wir endlich in Betlehem ankommen. Ich werde zwar ordentlich nass, aber egal, nächstes Mal hört ihr, warum.

Das Lied wird nochmals gesungen.

Szene IV: Ankunft in Betlehem

Lied

»Seht, die gute Zeit ist nah« *(KiGoLo 195)*
Oder: »Ich zünde eine Kerze an« *(T/M: Stephen Janetzko; CD 8; Strophe 4)*

Die Mitte kann diesmal eine kleine Stadt andeuten, es genügen einige einfache Häuser, vielleicht aus Pappkartons geschnitten. Im Hintergrund ein kleiner Stall mit den Krippentieren und der leeren Krippe. Das letzte Stückchen Weg nach Betlehem muss auch noch gelegt werden, auf die Häuser zu. Benötigt wird noch ein blaues Tuch oder blaue Pappe, um einen Fluss darzustellen. Über ihn führt eine

kleine Brücke, die durch kleine Hölzer über der »Wasserfläche« gebaut wird. Talitha beginnt wie üblich mit einem kleinen Rückblick.

Talitha: Guten Morgen, liebe Kinder. Ich freue mich, euch zu sehen. Bei unserer letzten Wanderung war es sehr spannend, ihr erinnert euch bestimmt. Schließlich ist es schon was ganz Besonderes, wenn eine Eselin wie ich eine Wildkatze verjagt. Aber ihr wisst ja längst, wie lieb ich Maria habe und dass ich alles für sie tue. So machten wir uns dann am nächsten Morgen auf die Weiterreise nach Betlehem.

Der Erzähler führt die Handpuppen Josef, Maria und Talitha wieder zusammen und der Weg geht weiter.

Talitha: Josef war sehr lieb zu Maria. Er sprach ganz viel mit ihr; ich glaube, um sie abzulenken. Denn Maria hatte schon Bauchschmerzen und ich ging so vorsichtig wie möglich. Schließlich kamen wir an einen Fluss. Das Wasser rauschte laut und die Strömung schien sehr stark zu sein.

Erzähler stellt die Figuren an den angedeuteten Fluss. Eventuell lädt er die Kinder ein, mal das Geräusch von rauschendem Wasser zu machen.

Talitha: Wie sollten wir da nur hinüberkommen? Wir gingen ein Stück den Fluss entlang, bis wir eine kleine Brücke – oder besser einen Steg – sahen.
Josef: Dahin. Dahin müssen wir und den Fluss überqueren.
Talitha: Der Steg war sehr schmal. Josef musste vorangehen und ich folgte ihm. Als meine Hufe den Steg berührten, hatte ich ein ganz schlechtes Gefühl. Er wackelte und war so weich. Ich wollte nicht hinübergehen und bockte einfach. Ich blieb stehen, so sehr Josef mich auch lockte. Ich witterte Gefahr. Und Maria durfte nicht in Gefahr kommen. Ich blieb stehen.
Josef (*verzweifelt*)**:** Talitha, … Talitha, bitte geh weiter; wir müssen hier über den Fluss!
Talitha: Er zog an meinen Zügeln, er wurde sogar ein bisschen böse auf mich, aber ich hatte Angst. Da flüsterte meine Maria mir ins Ohr:
Maria: Lauf doch mein Eselchen!
Talitha: Ja, und da konnte ich nicht anders! Ich ging tatsächlich weiter auf den Steg hinaus. Und da geschah es: Der Steg zerbrach unter meinen Hufen!

Es ist wichtig, die kommende Szene kindgerecht spannend zu erzählen. Übertriebene Dramatik sollte nicht sein. Es genügt, diese Szene mit den Figuren anzudeuten. Die Erzählung malt die Geschichte.

Talitha: Ich sah, wie Josef ins Wasser fiel, aber gleich wieder aufstand, denn der Fluss war gar nicht tief. Aber Maria, um Maria hatte ich Angst, denn ich fiel ins Wasser und sie klammerte sich mit aller Kraft an meinen Hals. Nur einmal kurz waren wir untergetaucht, Maria und ich, aber sofort spürte ich Grund unter meinen Hufen und rappelte mich auf.
Josef *(ganz laut)*: Talitha, ich helfe dir. Ich komme!
Talitha: Josef kam uns entgegen, aber er sah schon gleich, dass ich Kraft genug hatte, gegen die Strömung des Wassers anzugehen. So ging er neben uns her und beruhigte Maria. Ich ging Schritt für Schritt Richtung Ufer, langsam, aber sicher. Nun musste ich irgendwie die Uferböschung hochkommen.
Josef: Maria, halt dich ganz fest. Talitha muss springen.
Talitha: Sie umklammerte meinen Hals und ich nahm alle meine Kraft zusammen und sprang! Josef schob von hinten nach und so landete ich sicher am Ufer. Fast gleichzeitig fiel Maria von meinem Rücken, denn sie hatte keine Kraft mehr in den Armen. Endlich schaffte es auch Josef, aus dem Fluss zu klettern.
Josef: Maria, meine Maria.
Talitha: … sagte er immer wieder. Zum Glück war eine Decke in unserem Gepäck nicht gar so durchnässt. Josef wickelte Maria darin ein. Mühselig setzte er sie auf meinen Rücken und es ging weiter. Mein Fell war so nass und der Wind so kalt. Aber da ich Maria auf meinem Rücken fühlte, machte mir das alles nichts aus.
Josef: Wir müssen gleich da sein, Maria.
Talitha: … sagte Josef immer wieder zu ihr.
Josef: Und dann suchen wir uns eine gute Herberge mit einem weichen Bett für dich. Und dann ruhst du dich richtig aus.
Talitha: Und wirklich, kurz nachdem wir an ein paar Feldern mit Schafherden und Hirten vorbeigekommen waren, erreichten wir Betlehem.

Der Erzähler stellt die Figuren vor die kleinen angedeuteten Häuser.

Josef *(seufzt erleichtert)*: Geschafft! Wir haben es geschafft!
Talitha: Aber da irrte sich Josef sehr. Nichts war geschafft, denn wir fanden keine Herberge, in der ein Zimmer für Maria frei war. Alle Zimmer und alle Betten waren besetzt von den Menschen, die auch nach Betlehem mussten, um sich in eine Liste

zu schreiben. Keiner hatte Platz für Maria. Und sie weinte sehr. Denn sie spürte, dass bald das Baby geboren werden würde. Endlich aber, nachdem wir an unzähligen Türen angeklopft hatten, sagte eine Herbergsfrau, dass in ihrem Stall draußen auf den Feldern ein klein wenig Platz übrig sei, zwischen Ochse und Esel zwar nur, aber trocken und warm.
Josef: Komm Talitha, dort müssen wir hin, so schnell es geht. Das Kind braucht doch wenigstens ein Dach über dem Kopf.
Talitha: So schnell und vorsichtig wie möglich zogen wir los und kamen endlich in dem Stall an.

Der Erzähler lässt den Weg am Stall enden.

Talitha: Und was dann geschieht mit Maria und Josef im Stall, das feiern wir an Weihnachten in der Kirche zusammen. Vielleicht trefft ihr mich da auch noch.

Dieser letzte abschließende Satz von Talitha sollte nur gesprochen werden, wenn sie wirklich im Familiengottesdienst zu Weihnachten eingebaut werden soll.

I.2 Getreide statt Gold!

Renate Jensen

Charakterisierung:
Es ist ein Nikolausgottesdienst mit Anspiel für Kindergartenkinder. Am frühen Abend scheint eine Einladung zum Nikolausgottesdienst die meisten Familien anzuziehen. Dann können Eltern und Geschwister den Gottesdienst mitfeiern.
Oder es wird als Gottesdienst des Kindergartens am Vormittag gefeiert. Dafür werden zum Teil alternative Vorschläge gemacht.

Vorbereitungen

Vorlagen:

- *Liedblatt (für die Eltern)*
- *evtl. Plakat*

Materialien:

- *Nikolauskleidung: Albe, roter Umhang, Mitra, Bischofsstab, evtl. Buch*
- *Schlüssel des Nikolaus*
- *goldene Schale*
- *kleine Kerzen oder Teelichter*
- *Schale mit Brotwürfeln*

Rollen:
Ein schauspielerisch begabter Nikolausdarsteller muss gefunden werden. Die Proben dürfen sich auf ein Minimum beschränken, da die vorgesehenen Texte nicht auswendig gelernt werden müssen! Wichtig ist, dass Leiter/in und Nikolaus wissen, worauf das Stück hinausläuft. Improvisation ist da gut möglich.
Sicher lassen sich die Erzieherinnen des Kindergartens gerne einbinden in das gemeinsame Lesen des Psalms.
Die Begrüßung der Gemeinde durch die Leitung bietet sich an; hier ist auch Raum für kurze Regieanweisungen, falls im Anschluss an den Gottesdienst noch eine Veranstaltung stattfindet.

Requisiten und Raumgestaltung:
Ein gutes Nikolauskostüm ist wichtig: mit Mitra, rotem Umhang und weißem Gewand darunter. Unter Umständen kann auf einen künstlichen weißen Bart verzichtet werden. Aus einem Besenstiel und leicht im Internet bestellbarem Aufsatz lässt sich ein schöner Bischofsstab herstellen.
Wenn es die räumlichen Möglichkeiten gibt, ist es sehr lebendig und fröhlich, wenn die Kinder sich alle am Kircheneingang oder in der Vorhalle zur Kirche treffen und gemeinsam mit den Erzieherinnen, Erziehern und der Kindergartenleiterin in die Kirche einziehen. Dabei kann das Lied »Lasst uns froh und munter sein« gemeinsam gesungen werden. Die Begleitung mit einem Akkordeon ist dabei ein großer Gewinn! Die Orgel ist manchmal zu schwerfällig; vielleicht ist dann ein Keyboard eine Alternative.

Beginn

Glockengeläut

Lied

»Lasst uns froh und munter sein!« *(www.liederkiste.com; Einzug der Kinder mit dem Lied)*

Begrüßung

Kindergartenleitung und Leiter/in gemeinsam im Altarraum; wenn möglich sitzen alle Kinder zusammen auf Sitzkissen auf dem Boden im Altarraum mit ihren Erzieherinnen oder in den ersten Bänken der Kirche.

Leiter/in: Im Namen des Vaters und des Sohnes und des Heiligen Geistes! Amen! Seid ganz herzlich gegrüßt und willkommen in der Kirche zur Feier unseres Nikolausgottesdienstes! Ich freue mich sehr, euch alle, liebe Kinder, hier zu sehen! Wie schön, dass viele von euch auch die Eltern, Geschwister, Großeltern und viele liebe Menschen mitgebracht haben! Das wird gewiss ein schöner Nikolausgottesdienst. Obwohl, merkwürdig, der Nikolaus ist noch gar nicht da.

Leiter/in schaut sich suchend nach dem Nikolaus um.

Leiter/in: Egal, wir machen erst mal weiter.

Kindergartenleitung: Auch ich freue mich, euch, liebe Kinder, und eure Eltern und Geschwister hier in der Kirche begrüßen zu können. Das ist ja auch ein aufregender Tag, an dem wir uns alle zusammen treffen und etwas vom Nikolaus hören.

Nun können Ansagen gemacht werden zum Ablauf.

Leiter/in: Nun lasst uns feiern! Und zu einem fröhlichen Fest gehören auch fröhliche Lieder. Auf unserem Liederzettel stehen ganz viele davon. Eines heißt »Dicke rote Kerzen«. Das wollen wir nun singen.

Lied

»Dicke rote Kerzen« *(T: Rolf Krenzer; M: Detlev Jöcker; CD 6)*
Oder: »Der Nikolaus« *(KiGoLo 323)*

Leser 1: Wir hören jetzt einen Psalm. Das ist ein Gebet, das in der Bibel steht. Ich lese das Gebet aus der Bibel vor. Dort steht es in einer Sprache, die manchmal nicht ganz so leicht zu verstehen und trotzdem wunderschön ist.

Psalm 36 wird aus einer Bibel gelesen.

Leser 2: Und ich lese dasselbe Gebet nun in einer Sprache, die nicht nur Kinder, sondern auch die Erwachsenen ein bisschen leichter verstehen können.

Der Psalm wird in der Übertragung von Peter Spangenberg gelesen:

Leser 1: Herr, deine Güte reicht, so weit der Himmel ist, und deine Wahrheit, so weit die Wolken gehen. Deine Gerechtigkeit steht wie die Berge Gottes und dein Recht wie die große Tiefe.
Leser 2: Mein Gott, den Himmel kann ich nicht messen, noch weniger kann ich deine Liebe messen oder wirklich begreifen. Deine Liebe ist so weit wie das Meer, hoch wie die Berge, tief wie das Weltall und unerschütterlich.
Leser 1: Herr, du hilfst Menschen und Tieren.
Leser 2: Deine Liebe, Gott, wandert durch alle Erdteile und zu allen Menschen und Geschöpfen. Du liebst Menschen, Tiere und Pflanzen. Das ist meine Liebeserklärung an dich, Gott.
Leser 1: Wie köstlich ist deine Güte, Gott, dass Menschenkinder unter dem Schatten deiner Flügel Zuflucht haben! Denn bei dir ist die Quelle des Lebens und in deinem Lichte sehen wir das Licht.

Leser 2: Ich finde dich wunderbar, Gott. Wir Menschenkinder können bei dir unterkriechen wie Küken unter die Flügel einer Glucke. Und ich fühle mich sehr wohl. Ja, du hast alles Leben geboren und was wir sehen und erkennen, strahlt hell von deiner Liebe. Amen.

Peter Spangenberg

Gebet

Leiter/in: Lasst uns aufstehen und gemeinsam das Gebet mit Worten und Bewegung beten: Wie fröhlich bin ich aufgewacht!

Wenn der Gottesdienst am Vormittag stattfindet:

Wie fröhlich bin ich aufgewacht.	*Beide Arme hoch strecken.*
Wie hab ich geschlafen so sanft die Nacht.	*Hände an die Wangen legen wie ein kleines Kissen und die Augen schließen.*
Hab Dank im Himmel, du Vater mein!	*Beide Arme weit geöffnet gen Himmel strecken und fließend beim Sprechen des nächsten Satzes übergehen.*
Dass du hast wollen bei mir sein.	*Mit beiden Armen sich über Kreuz fest selbst umarmen.*
Behüte mich auch diesen Tag.	*Große Kreisbewegung mit beiden Armen wie einen Schirm über sich selbst.*
Das mir kein Leid geschehen mag. Amen.	*Große Kreisbewegung endet mit vor der Brust gefalteten Händen beim Amen.*

Alternatives Gebet bzw. Gebet, wenn der Gottesdienst am Abend stattfindet:

Guter Gott, das Fest des heiligen Nikolaus feiern wir jedes Jahr auf besondere Weise. Besonders die Kinder freuen sich darauf. Denn der Nikolaus liebt die Kinder. Er beschenkt aber nicht nur die Kinder. Viele Geschichten erzählen davon, wie der Nikolaus Menschen in Not geholfen hat. Der Nikolaus hat ein gutes Herz.
Gott, schenke auch uns ein solch gutes Herz. Darum bitten wir dich. Amen.

Lied

»Eine Tür, eine Tür tut sich auf für mich« *(T: Wolfgang Longardt; M: Detlev Jöcker, Liederbuch zum Umhängen, Teil 1)*

Leiter/in: Das haben wir ganz schön gesungen, dieses Lied! Es macht ganz viel Freude, mit euch diesen Nikolausgottesdienst zu feiern. Aber, wo bleibt denn nur der Nikolaus!? Was ist so ein Gottesdienst ohne die Hauptperson?
Was meint ihr, Kinder, sollen wir mal ganz laut rufen?

Der Nikolaus lässt die Gemeinde einige Male rufen und öffnet dann laut polternd die Tür und zieht in die Kirche ein. Leiter/in stimmt die erste Strophe vom Lied »Lasst uns froh und munter sein« nochmals an. Nikolaus wird singend und klatschend begrüßt!

Lied

»Lasst uns froh und munter sein« *(www.liederkiste.com)*
Oder: »Sei gegrüßt, lieber Nikolaus« *(KiGoLo 324)*

Leiter/in: Herzlich willkommen, lieber Nikolaus! Wir freuen uns, dass du endlich da bist! Wir hatten schon befürchtet, du schaffst es gar nicht.
Nikolaus: Naja, wenn hier so laut nach mir gerufen wird, dann muss ich doch wohl zu Besuch kommen, oder?
Leiter/in: Das ist sehr schön. Zumal heute viele Kinder schon nach dir Ausschau gehalten haben. Die meisten Kinder ganz früh am Morgen, wenn sie in ihre Stiefel geschaut haben.
Nikolaus: Ja, das kann ich mir vorstellen. Und bestimmt war in allen Stiefeln etwas Schönes drin, oder Kinder?

Hier kann der Nikolaus mit den Kindern in ein kleines Gespräch kommen und einige erzählen lassen, was in den Stiefeln war. Er kann auch erklären, warum er eine Mitra auf dem Kopf trägt, warum er einen Bischofsstab dabeihat.

Leiter/in: Nikolaus, kannst du uns erzählen, warum wir eigentlich alle die Stiefel putzen und am nächsten Morgen so schöne Dinge darin finden? Ich hörte, das ist ein Brauch, der aus deiner Zeit kommt.
Nikolaus: Ja, das stimmt. Ich lebte in der Stadt Patara, das liegt in der heutigen Türkei. Ich hatte ein sehr schönes Leben, mir fehlte es an nichts. Von meinen Eltern erbte ich viel Geld, wollte aber meinen Besitz nicht für mich allein behalten. Ich

verschenkte daher alles an arme Menschen und beschloss, Priester zu werden. Später wurde ich dann sogar Bischof in der Stadt Myra.

Leiter/in: Oh, lieber Nikolaus, was ist denn ein Bischof?

Nikolaus: Ein Bischof ist so etwas Ähnliches wie ein Priester *(Pastor – Passendes ergänzen und erklären)*; aber er hat noch etwas andere Aufgaben. So musste ich auch für die Menschen sorgen. Und ich sah viele arme Menschen in meiner Gemeinde: Sie wussten oft nicht, was sie essen sollten, da sie kein Geld mehr hatten, um sich etwas zu kaufen. Ich war sehr traurig darüber und überlegte immer, wie ich helfen könnte. Und wenn ich hörte, dass irgendwo ganz große Not war, dann bin ich nachts heimlich still und leise durch die Straßen gegangen und habe von dem, was ich hatte, abgegeben. Und weil die Menschen ihre Stiefel zu meiner Zeit nicht ins Haus nahmen, sondern vor den Türen stehen ließen, habe ich ihnen einfach etwas in die Stiefel gesteckt.

Leiter/in: Das war aber sehr lieb von dir, lieber Nikolaus. Und ich hab noch was von dir gelesen: Du hast einen Schatz verkauft, der dir gar nicht wirklich gehörte. Ist das wahr?

Nikolaus: Na ja, so war das nun auch wieder nicht! Jedenfalls nicht ganz so. Ein wenig gehörte mir der Reichtum schon.

Leiter/in: Nikolaus, weißt du was, bevor wir beide reden und reden: Lass uns diese spannende Geschichte den Kindern und Erwachsenen einfach vorspielen, ja? Ich hab gehört, du hattest eine Helferin, die kann ich spielen, und du, du bist eben einfach der Nikolaus. Ich ziehe mich ein bisschen um und ihr alle singt in der Zeit ein Lied und dann geht es los.

Lied

»Wir sagen euch an den lieben Advent« *(GL 223/EG 17)*

Während die Gemeinde singt, zieht sich der Leiter/die Leiterin in der Sakristei oder hinter einem einfachen Sichtschutz um. Es genügt ein großes Kopftuch, ein Hut, eine dicke Weste oder ein etwas altertümlich anmutender Rock. Sollte eine andere Person für die Rolle des Helfers vom Nikolaus zur Verfügung stehen, erübrigt sich das Umziehen. Wenn das Lied zu Ende gesungen ist, tritt der Helfer des Nikolaus mit einem großen Becher mit dampfendem Tee und einem Stück Brot in der Hand hinzu und geht zum Nikolaus. Der kann mit einem dicken Buch in der Hand den vorhandenen Raum abschreiten, lesen, grübeln, bis der Helfer ihn anspricht. Im Stück wird unsere Helferin einfach »Anna« genannt.

Anna: Guten Morgen, lieber Bischof Nikolaus. Hast du gut geschlafen?
Nikolaus: Ja, danke, recht gut. Obwohl ich mir solche Sorgen um die Menschen meiner Gemeinde mache. Irgendwann bin ich trotzdem eingeschlafen.

Anna reicht dem Nikolaus den Tee und das Brot.

Anna: Das freut mich sehr. Leider kann ich dir heute nur ein kleines Stück Brot bringen zum Frühstück, lieber Nikolaus. Es gibt kein Brot zu kaufen. Das Getreide im ganzen Land ist knapp. Und auch wenn es welches gäbe, wir hätten kein Geld, es zu kaufen.
Nikolaus: Das ist es ja, was mich nicht schlafen lässt. Die Menschen hungern und ich kann nichts tun.

Kleine Pause, schaut auf Anna, die sich mit beiden Armen den Bauch hält und sich leicht krümmt.

Nikolaus: Was hältst du dir den Bauch? Was ist los? Geht es dir nicht gut?
Anna: Doch, doch. Ich hab nur schon so lange nichts mehr gegessen. Mein Bauch tut mir vor Hunger weh.
Nikolaus: Was?! Hier nimm sofort dieses Stück Brot. Ich brauche nichts.
Anna: Aber lieber Bischof, das geht nicht, die Menschen brauchen dich und du musst bei Kräften sein.
Nikolaus: Kein Widerspruch, iss! Und lass mich überlegen: Was kann ich nur tun? Ich werde es nicht länger mit ansehen, dass die Menschen Not leiden. Es muss eine Lösung geben!
Hier nimm den Tee, trink und stärke dich. Warum habe ich übersehen, wie schlecht es dir geht? Wie kann mir das nur passieren?
Anna: Ach, Nikolaus, ich bin nicht so wichtig. Weißt du, was das Schlimmste ist? Im Hafen liegen zwei große Schiffe vor Anker. Ich habe es gesehen.
Nikolaus: Nun, was ist daran schlimm, Anna? Was sind das für Schiffe?
Anna: Es sind große Handelsschiffe und man sagt, sie sind voll beladen mit Getreide, das in ein fremdes Land gebracht werden soll. Ist das nicht schrecklich, lieber Nikolaus?! Da liegt ganz viel Getreide, aus dem wir Brot backen könnten, und wir können es uns nicht kaufen.
Nikolaus: Ja, das ist schlimm. Das Brot wäre da und wir kommen nicht dran. Weil wir kein Geld haben und ohne Geld kein Getreide. Ohne Getreide kein Brot. Oder

doch! Ich habe eine Idee. Wir können das Getreide kaufen. Wir haben Geld! In der Schatzkammer unserer Kirche liegt Geld.
Anna: Nikolaus, da liegt kein Geld. Wir haben keins. Da sind nur unser goldener Kelch und die Schale, um das Abendmahl *(die heilige Messe – Passendes einsetzen)* zu feiern.
Nikolaus: Genau, du hast recht. Und daraus machen wir beide Geld. Wir verkaufen den Kelch und die Schale für Gold und davon kaufen wir das Getreide. Und für Gold gibt jeder Seemann seine Ladung her! Das verspreche ich dir. Und dann verteilen wir einfach das Getreide an alle Menschen, die hungern.
Anna: Nikolaus, auch wenn es gut ist, was du tun willst: Du darfst nicht den Schatz der Kirche verkaufen. Damit feiern wir jeden Sonntag Gottesdienst.
Nikolaus: Und meinst du wirklich, Gott will, dass die Menschen hungern, aber in seiner Kirche wird Abendmahl gefeiert mit goldenen Gefäßen? Nein, ich werde selber gehen und etwas davon verkaufen.
Anna: Aber die Schatzkammer ist verschlossen. Ich hab den Schlüssel nicht.
Nikolaus: Ich habe den Schlüssel!

Wenn möglich, einen bis dahin nicht sichtbaren übergroßen Schlüssel aus Holz, mit goldener Farbe angestrichen, hervorholen. Alternativ ein Schlüsselbund oder einen »normalen« Schlüssel.

Nikolaus: Hier, nimm ihn! Und bitte beeil dich, bevor die Schiffe ablegen, muss ich am Hafen sein.

Anna nimmt den Schlüssel und verschwindet in der imaginären Schatzkammer. Währenddessen geht der Nikolaus auf und ab und redet mit sich selber.

Nikolaus: Ich muss helfen. Ich bitte dich, mein Gott, lass es gelingen.

Anna kommt wieder und trägt in Händen eine goldene Schale. Nikolaus kommt ihr entgegen, nimmt sie ihr ab und hält sie bewundernd hoch.

Nikolaus: Wunderschön ist sie. Ja, das wird genug Geld einbringen, um für die Menschen von Myra Getreide zu kaufen. Was soll die Kirche mit dem Gold, während die Menschen um uns herum hungern. Ich gehe schnell los, wir wollen keine Zeit vergeuden.

Der Nikolaus verschwindet mit der Schale aus dem Sichtfeld.

Leiter/in: Es wird erzählt, dass Nikolaus tatsächlich die Schätze seiner Gemeinde verkaufte und mit dem Gold zum Hafen lief. Die Seeleute wollten ihm zunächst nichts geben, denn das Getreide war für den Kaiser in seiner Hauptstadt bestimmt. Es war genau abgewogen und wenn auch nur ein Gramm fehlen sollte, würde der Kaiser die Seeleute hart bestrafen. Aber Nikolaus antwortete damals:

Nikolaus kommt wieder hervor.

Nikolaus: Macht euch keine Sorgen. Gebt uns nur ein wenig, sagen wir hundert Säcke. Bei der Menge, die ihr geladen habt, ist das nichts. Und ich verspreche euch, es wird euch in der Hauptstadt nicht ein Gramm fehlen, sonst will ich nicht mehr Nikolaus heißen!

Leiter/in: Da blickten sich die Seeleute gegenseitig an und gaben schließlich nach: »Also gut, Bischof von Myra. Wir geben dir, worum du uns bittest. Aber wir nehmen dich beim Wort!«

Und so geschah es. Die Seeleute gaben Nikolaus die hundert Säcke und stachen mit ihren Schiffen wieder in Richtung Hauptstadt in See. Als sie dort ankamen und das Getreide ablieferten, stellten sie erstaunt fest, dass Nikolaus recht behalten hatte: Es fehlte nicht ein einziges Gramm.

Die hundert Säcke Getreide aber, die sie in Myra gelassen hatten, machten die Menschen dort ganze zwei Jahre lang satt und reichten sogar noch für die Getreideaussaat. So half er in der großen Hungersnot. Noch heute ist er ein Vorbild dafür, dass wir einander helfen und miteinander teilen. In seiner Liebe zu den Menschen zeigte sich Gottes Liebe, denn in seinem Namen handelte der heilige Nikolaus. Gottes Liebe zeigte sich. Und wir wollen zusammen mit den Kindern jetzt ein Lied über Gottes Liebe singen.

Lied und kleines Geschenk

»Hört ihr alle Glocken läuten« *(T: Rolf Krenzer; M: Detlev Jöcker; CD 7)*

Oder: »Licht der Liebe« *(KiGoLo 201)*

Bischof Nikolaus schenkt den Kindern ein kleines Stückchen Brot. Dazu werden Teller vorbereitet mit kleinen Brotwürfeln. Die Kinder werden eingeladen, das Stück Brot bewusst zu essen. So schließt sich die Geschichte und wird erfahrbar.

Fürbitten

Leiter/in: Im Advent scheinen die Kerzen als Zeichen dafür, dass Gott seine Liebe in die Welt tragen will. Wenn wir im Kindergottesdienst das Lied »Tragt in die Welt nun ein Licht« singen, dann haben die Kinder immer ganz viele tolle Ideen, zu wem wir heute im Gebet ein Licht tragen wollen. So machen wir das jetzt auch. Wer hat eine Idee, zu wem wir Licht tragen?

Die Kinder werden sofort mitmachen und viele Finger sich hochstrecken und Menschengruppen nennen. Nach jedem Vorschlag wird das Lied gesungen und das Kind entzündet mithilfe des Leiters/der Leiterin eine kleine Kerze, die auf dem Altar stehen bleibt. Diese Aktion sollte gut begrenzt sein, vielleicht genügen fünf oder sechs Strophen. Das Licht kann natürlich auch zu Tieren getragen werden, wenn diese genannt werden sollten. Beispiele: zu den Eltern, zu den Kindern, zu den Kranken, zu den Alten usw.

Lied

»Tragt in die Welt nun ein Licht« *(KiGoLo 202)*

Vaterunser

Leiter/in: Wir beten nun zusammen das Vaterunser:
Vater unser …

Leiter/in: Nun wollen wir den Bischof Nikolaus verabschieden. Er muss weiterziehen, aber vorher will er noch das Segensgebet mit uns sprechen.
Wir stehen nun alle auf und sprechen gemeinsam unseren Kindersegen:

Nikolaus:	**Kinder:**
Lieber Gott, du bist innen	*Mit beiden Armen den Oberkörper umarmen.*
und außen	*Beide Arme zeigen leicht gestreckt nach außen.*

und um mich herum,	*Sich einmal rundherum drehen.*
du gibst meinen Füßen festen Stand	*Bei »Stand« einmal fest aufstampfen.*
und hältst mich geborgen in deiner Hand.	
So segne uns der Vater, der Sohn und der Heilige Geist. Amen.	*Hände wie ein kleines Nest formen.*

Dann verabschiedet sich der Nikolaus. Die Kinder winken dem Bischof Nikolaus und singen zum Abschied ein Lied.

Lied

»Lasst uns froh und munter sein« *(www.liederkiste.com; Auszug mit dem Lied)*
Oder: »Lasst uns tanzen und auch singen« (S. 150)

I.3 Ein Königsmantel für das Kind

Renate Jensen

Charakterisierung:
Krippenspiel für Kinder im Grundschulalter und bis 12 Jahre. Da die Wortbeiträge der Hirten klein sind, können auch jüngere Kinder mitspielen. Ebenso könnten bei Bedarf noch kleine Statisten in der ersten Szene »wortlos« eingesetzt werden.
Da die Textanteile der übrigen Mitwirkenden groß sind und ein wenig schauspielerisches Können erforderlich ist, empfiehlt es sich, ältere Kinder von ca. 12 Jahren einzubeziehen.

Vorbereitungen

Vorlagen:
- *Liedblatt*
- *evtl. Plakat*

Rollen:
Die Anzahl der Mitwirkenden in diesem Krippenspiel kann beliebig erweitert werden. Notwendig ist folgende Besetzung:
- *Erzähler*
- *Diener Ephraim*
- *edler Herr*
- *Händler Hassan*
- *Sohn Abdul*
- *Drei Heilige Könige*
- *fünf Hirten*
- *kleine Frau*

Kulisse und Requisiten:
Bei Spielbeginn ist zunächst ein schönes Studierzimmer aufgebaut, das den Reichtum des edlen Herrn aus dem Orient deutlich werden lässt: zahlreiche Schriftrollen, dicke alte Bücher, kostbare Gardinen, Tisch, Kerzen, Gefäße, evtl. Samowar; alles, was der Fantasie gefällt.

Während des Liedes findet der Bühnenumbau für Szene II statt. Wenn Stellwände benutzt wurden, empfiehlt sich, auf der Rückseite Landschaften aufgemalt zu haben, sodass die Stellwände nun einfach umgedreht werden können. Dahinter können Stühle, Tische und alle Studierzimmergegenstände schnell aus dem Blick genommen werden. Holzscheite, Felle, Tassen, einfache Decken usw. stellen die karge und kalte Lebenswelt der Hirten dar.
So weit wie möglich entfernt könnten schon Maria und Josef vor einer Krippe stehen bzw. sitzen. Den Abstand zwischen Hirtenfeuer und Krippe gibt die jeweilige Raumgröße vor; der größtmögliche Abstand sollte gewählt werden, damit der zeitliche Abstand beider Szenen deutlich wird.

Aufführungsdauer: 40 Minuten

Lied
»Wir ziehen vor die Tore der Stadt« *(GL 225)*

Szene I: Ein reicher Herr im Orient

Zu Beginn läuft ein Bediensteter des edlen Herrn im Studierzimmer auf und ab, bereitet alles vor, wischt Staub, stellt Teetasse hin, rückt Bücher zurecht usw. Der Erzähler beginnt zu lesen.

Erzähler: Ein neuer Tag ist angebrochen. Wir befinden uns im Hause eines reichen Mannes in Arabien. Ihr seht hier seinen Diener Ephraim alles vorbereiten, denn sein Herr kommt gleich und alles muss in Ordnung sein. Es gibt viel zu tun, Geschäfte zu regeln und Händler zu empfangen. Aber leise, … ich höre Schritte.

Der Herr tritt auf mit prächtigem Mantel, forschem Schritt; der Diener verbeugt sich, der Herr nimmt seine Kapuze ab und geht an den Schreibtisch, ergreift eine Schriftrolle.

Ephraim: Salam aleikum, erhabener Herr!
Herr: Aleikum salam, Ephraim. *(Tritt an den Schreibtisch, nimmt eine Rolle, rollt sie auf und studiert sie kurz:)* Nun, was gibt es heute? Hm. Das hört sich ja nicht so gut an. Der Weihrauchhandel bringt weniger Ertrag als ich dachte. *(Liest weiter, Diener steht still daneben.)* Ich werde sie wohl abstoßen müssen. *(Schaut den Diener an.)* Und wen erwarte ich heute Morgen im Haus? Stehen viele Besuche an?

Epraim: Nein, Herr, nur Hassan ben Orim wartet vor der Tür. Er meint, er hätte beste Kamele zum Verkauf anzubieten.
Herr: Beste Kamele, dass ich nicht lache. Beste Kamele, wie letztes Mal! Dass dieses Schlitzohr sich noch in mein Haus wagt.
Ephraim: Wie meint mein Herr das?
Herr: Das will ich dir sagen: Lahme altersschwache Klepper hat er mir angedreht. Wäre ich nur selber in den Stall gegangen, *ich* hätte den Schwindel schon durchschaut. Aber gut, schön, dass ich ihn wiedersehe. Lass ihn nur eintreten, mit ihm will ich gerne neu verhandeln.

Ephraim geht aus dem Raum, um den Besucher zu holen, Herr rückt den Mantel zurecht.

Herr: Ja, er gleicht einem Königsmantel, so edel und schön. Diesen Kauf bereue ich nicht, auch wenn der Preis sehr hoch war. Es hat sich doch gelohnt. *(Herr blättert in Akten und erwartet die beiden zurück.)*
Ephraim: Mein Herr, ich bringe Euch Hassan ben Orim *(verbeugt sich und tritt zur Seite).*

Hassan tritt ein, verbeugt sich besonders tief und demütig, spricht einschmeichelnd.

Hassan: O guter, erhabener, gnädiger Herr und Meister, welch große Ehre, bei Euch eintreten zu dürfen und Euch …
Herr: Spar dir deine einschmeichelnden Worte, Hassan ben Orim. Wie kannst du es wagen, mir vor dir Augen zu treten, nachdem du mir schlachtreife Klepper angedreht hast?
Hassan: Genau deshalb bin ich hier, guter gnädiger Herr und Meister, es ist mir da wohl ein böser Fehler unterlaufen, denn diese schlechte Herde solltest nicht du haben.
Herr: Ach nein? Wolltest wohl jemand anderen betrügen und nicht mich, was? Das soll mir egal sein, aber diese Tiere nimmst du allesamt wieder mit und für die Futterkosten kommst du auf.
Hassan: Aber guter, gnädiger Herr …
Herr: Hör auf, mich gut und gnädig zu nennen, ich bin alles andere als gut und gnädig. Ich brauche starke und kräftige Kamele, die meine Waren tragen. Außerdem müssen es gutmütige Tiere sein. Schließlich ist mein Sohn Abdul bald soweit, um eine Karawane zu führen, er soll keinen Ärger mit bösartigen Tieren haben.

Hassan: Da seid Ihr genau an der richtigen Adresse bei mir, guter gnädi... ich wollte sagen, mein Herr. *(Tritt einen Schritt zurück, fasst vorsichtig den Mantel an.)* Was für ein herrliches Stück. Ich bin nun wahrlich viel herumgekommen, aber so einen Mantel sah ich nie.
Herr *(geschmeichelt und wohlwollend)***:** Danke, danke. Ich weiß, was für ein herrliches Stück das ist. Mein Lieblingsmantel. Aber weiter nun, wir wollen verhandeln, was bringt Ihr mir denn heute?
Hassan: Ich bringe Euch Spitzenkamele, mit erstklassigem Fell, kräftigen Beinen und starkem Rücken. Wenn Ihr auf einem dieser Tiere sitzt, werdet Ihr aussehen wie ... wie *(Er fasst den Mantel nochmals vorsichtig an.)* ... ein wahrer König. *(Bewundernd:)* Was für ein schöner Stoff, so etwas habe ich wirklich noch nirgendwo gesehen. Ist er vielleicht verkäuflich?
Herr: Lass das Handeln, Hassan, das hat bei mir keinen Zweck. Mein Sohn Abdul wird ihn eines Tages erben, er wird ein würdiger Nachfolger. *(Kurze Pause)* Nun aber endlich zu den Kamelen: Ihr lasst mir die neuen hier, nehmt die ganze Herde alter Klepper wieder mit und dazu bekomme ich drei Ballen roter Seide umsonst, die ich eigentlich kaufen wollte. Dann sind wir quitt.
Hassan: Aber guter gnädiger ...
Herr: Wir sind dann quitt, hast du gehört?! Du kannst gehen.

Ephraim nimmt Hassan am Arm und führt ihn freundlich, aber bestimmt, heraus.

Erzähler: Das ist ja noch mal gut gegangen. Der Händler Hassan hat ja Glück gehabt, denn unser Herr lässt sich nicht betrügen. Nun würde ich ja auch gerne mal seinen Sohn, den Abdul kennenlernen, aber wie ich höre, passiert es jetzt.

Schnelle Schritte sind zu hören, der Sohn tritt ins Zimmer.

Abdul *(aufgeregt)***:** Vater, Vater wo bist du denn?! Vater, ich habe große Neuigkeiten, ein König, ein König ist geboren.
Herr: Guten Morgen, mein lieber Sohn, was für eine stürmische Begrüßung ... und was für Neuigkeiten gibt es? Ich höre wohl nicht richtig.
Abdul *(sehr aufgeregt, zappelt hin und her, geht hin und her)***:** Ein neuer König ist geboren, mitten der Nacht. Ist das nicht herrlich, ein echter König, in Samt und Seide, mit goldener Krone und kostbaren Ringen und ... und ich werde ihn besuchen!
Herr: So, so, ein neuer König und du wirst ihn besuchen. Woher kommt diese Nachricht?

Abdul: Drei Männer auf der Straße haben es mir gesagt.

Herr *(spöttisch)*: Ach so, das ist natürlich was ganz anderes, wenn drei Männer auf der Straße dir das erzählen. Ach Abdul, was ist mit dir los? Seit wann glaubst du wildfremden Menschen, die dir von irgendeinem neuen König erzählen, Junge.

Abdul: Aber Vater, es waren nicht irgendwelche Männer, es waren … ganz besondere Männer, in schönen Gewändern und mit weisen Gesichtern; und sie sprachen ganz ehrlich und so gut … Ich hole sie, vielleicht finde ich sie noch … Sie können es dir selber sagen. *(Während er spricht, dreht er sich schon halb um und verschwindet, um die Männer zu holen.)*

Herr: Mein Abdul, wann wird er nur erwachsen. Ein neuer König, wo sollte der geboren sein und wessen Kind sollte er sein? Ich kenne alle wichtigen Königshäuser, die Geburt eines Thronfolgers steht nicht an. Vermutlich alles Gerüchte. *(Trampeln im Hintergrund, dann Abduls Stimme …)*

Abdul: Kommt, werte Männer, kommt. Ihr müsst es meinem Vater selber sagen, er glaubt mir nicht. Ich kann es gar nicht begreifen, aber er glaubt mir nicht. *(Abdul zieht die Könige herein und spricht eifrig auf sie ein.)* Dabei habe ich ihn noch nie belogen oder so, aber er muss diese unglaubliche Nachricht von euch hören. Hier, Vater, hier sind die weisen Männer. Nun frage sie selber *(Die drei Männer sind im Raum, der edle Herr steht hinter seinem Schreibtisch und schaut die Männer an, Abdul ganz aufgeregt, Ephraim steht an der Seite dabei.)*

Herr: Salam aleikum, werte Männer! Entschuldigt das Verhalten meines Sohnes Abdul, er erzählt heute ein wenig wirr, so scheint es mir.

Abdul *(böse und aufgeregt)*: Ich erzähle doch nicht wirr, ich sage nur weiter, was diese Männer erfahren haben. *(Zu den Männern:)* Seht ihr, er glaubt mir einfach nicht! Sagt meinem Vater, was geschehen ist.

König 1: Dein Sohn spricht die Wahrheit: Wir haben in den Sternen die Geburt eines neuen Königs gelesen.

König 2: Die Sterne lügen nicht, sie werden uns den Weg weisen, den wir gehen müssen.

König 3: Denn wir machen uns gleich auf den Weg, um den neuen König zu begrüßen und willkommen zu heißen. *(Könige gehen aus dem Raum, Abdul springt um den Vater herum.)*

Abdul: Siehst du, siehst du, ich rede nicht wirr! Ein König ist geboren und ich lasse mich nicht aufhalten, ich gehe auch los, um ihn zu sehen.

Herr: Gut, gut, die Sterndeuter sagen, etwas Besonderes ist geschehen. Sie werden wohl recht haben. Aber das heißt noch lange nicht, dass du hingehen wirst! Es ist viel zu gefährlich …

Abdul: Ach, alles ist für mich immer viel zu gefährlich. Lass mich doch einmal alleine etwas machen, Vater, nur einmal. Ich werde dir beweisen, dass ich alt genug und vernünftig genug bin. Ich werde mir Kamele mitnehmen mit genügend Proviant, einige Begleiter, von mir aus auch Ephraim, dem vertraust du ja.
Hassan *(tritt bei Abduls Rede in den Raum)*: Kamele, höre ich Kamele? Die Besten der Besten stehen im Stall, frisch und ausgeruht. Es kann losgehen. Wohin übrigens?
Abdul: Ich gehe den neuen König suchen und deine Kamele kann ich gleich ausprobieren. Bitte, Vater, lass mich gehen und ich bestelle dem König Grüße von dir und ich bringe ihm ein schönes Geschenk von dir … Was bloß? Was schenkt man einem König? Er wird alles haben: einen Palast, Pferde, Kamele, Schmuck, Diener, … aber vielleicht *(Abdul umkreist seinen Vater und schaut sich genau den Mantel an.)* Vielleicht hat er noch keinen Königsmantel? So einen schönen, kostbaren Königsmantel. Den könnte ich ihm schenken.
Herr: Niemals, nein. Dieser Mantel ist unantastbar. Er soll eines Tages dir gehören, mein Sohn, und nicht irgendeinem fremden König in einem fernen Land. Du wirst ihn haben.
Abdul: Aber Vater, wenn er eines Tages mir gehört, dann könnte ich ihn doch auch schon jetzt haben, oder?
Herr: Gewiss, du könntest ihn auch schon jetzt haben. Wenn du den Mantel schon jetzt für dich willst.
Abdul: Und wenn er mir schon jetzt gehört *(zieht dem Vater während des Redens den Mantel aus)*, kann ich doch auch mit ihm machen, was ich will, oder?
Herr: Eigentlich schon …, nur …
Abdul: Danke, Vater, danke für alles! Ich werde dein Vertrauen nicht enttäuschen.
Herr: Halt, halt, so einfach ist das alles nicht. Erst schwatzt du mir den herrlichen Mantel ab und nun soll ich dich einfach in die Fremde ziehen lassen?
Hassan: Nun ich würde mich als Begleitung anbieten können, denn auch ich ziehe mit meiner Karawane los. Und in welche Richtung ist mir eigentlich egal, denn meine Ware werde ich überall los. Und auf den guten Mantel würde ich auch aufpassen und sehen, ob der neue König des Mantels wert ist. Wenn nicht, würde ich ihn notfalls übernehmen.
Abdul: Vater, du kannst nicht mehr Nein sagen. Hassan, Ephraim und ich brechen nun auf und dieser herrliche Mantel wird dem Neugeborenen später gut stehen. Bis dahin ziehe ich den Mantel einfach über, so verliere ich ihn nicht und er wärmt mich gleich.
Herr: Es sei! Ich bin anscheinend machtlos! Zieh deiner Wege! Gib acht auf dich, mein Sohn …

Abdul, Hassan und Ephraim ziehen fort. Vater bleibt kopfschüttelnd stehen. Der Erzähler lädt ein, das Lied »Vom Himmel hoch« zu singen.

Lied

»Vom Himmel hoch« *(GL 237,1–7 / EG 24,1–7)*

Szene II: Abdul und Hassan machen sich auf den Weg

Erzähler: Na, das ist ja ein schönes Abenteuer, auf das sich Abdul da einlässt. Will einfach einen neugeborenen König suchen und ihm den prächtigen Mantel schenken. Wir wissen ja schon, dass Jesus dieses neugeborene Kind ist. Aber ein Königskind, wie er es erwartet, wird er nicht finden.

Abdul, Hassan und Ephraim gehen – wie es der Raum vorgibt – ihrer Wege und treffen auf das verlassene Lagerfeuer.

Hassan: Nun sind wir schon so weit gegangen, es ist dunkel und meine Füße tun mir weh. Und das Schlimmste ist: immer noch kein Kunde in Sicht. Nur ewige Steppen und Weiden mit blökenden Schafen. Die kaufen mir nichts ab.
Abdul: Wie kannst du immer nur ans Geld denken, Hassan. Es geht um so viel mehr. Um Hoffnung und einen neuen Himmel und … und um das schönste Geschenk zwischen Himmel und Erde: der schöne Mantel für den König *(streicht den Mantel behutsam glatt).*
Hassan: Schau mal, Abdul, für dich ist der Mantel doch eigentlich viel zu groß. Der sitzt ja hinten und vorne nicht. Bis du da reinpasst, wird es Jahre dauern. Und das Kind ist ein Neugeborenes, also noch viel, viel kleiner als du. Bis es den Mantel tragen kann, … Bedenke, wie viel Geld du dafür bekommen würdest, von mir zum Beispiel!
Ephraim: Hassan, lass deine langen Finger vom Mantel meines Herrn.
Hassan: Lange Finger, wo habe ich lange Finger …
Ephraim: Achtung, was ist das da vorne? Da brennt ein Feuer. Wir sollten verschwinden.
Hassan: Verschwinden? Ich höre wohl nicht recht, ich gehe geradewegs darauf zu. Wo ein Feuer ist, da sind Menschen und Menschen sind Käufer, mein lieber Ephraim, Käufer!
Abdul: Ich möchte auch wissen, ob dort jemand ist. Vielleicht erfahre ich Neuigkeiten vom König.

Hassan, Ephraim und Abdul treten ans Feuer.

Abdul: Komisch, das Feuer brennt, aber kein Mensch ist hier.
Ephraim: Schaut mal, hier liegen noch Decken und Felle,
Hassan: Und Kräutertee hat jemand getrunken *(hebt den Becher hoch, riecht am Tee)*: ganz schlechte Qualität, schauderhaft, der ist sicher nicht bei mir gekauft.
Abdul: Niemand da. Schade, aber vielleicht können wir das Feuer nutzen und hier Rast machen, es ist schon spät und müde sind wir alle.
Ephraim: Du hast recht. Wir lagern hier und gehen morgen weiter. Ich helfe dir, den Mantel auszuziehen. Hier ist die Felldecke. Leg dich nur recht nah ans Feuer
Hassan: Ich könnte auf den Mantel aufpassen!
Abdul/Ephraim: Hassan!
Hassan: Ist ja schon gut.

Sie legen sich zur Ruhe, der Mantel ist im Deckengewirr einfach abgelegt.

Kurze Stille, währenddessen evtl. kleines Flötenspiel: »Auf einmal ist uns der Himmel ganz nah« (T: Hans-Jürgen Netz; M: Reinhard Horn; aus dem gleichnamigen Buch).

Da erscheint aus dem Hintergrund eine kleine humpelnde Frau am Stock, in zerlumpten Kleidern. Mühsam kommt sie heran, tritt ans Feuer, schaut auf die Männer, nimmt sich eine Decke, legt sie ab, greift zum Mantel, wickelt sich darin ein und geht langsam wieder ab. Alle schlafen weiter.
Plötzlich Schritte, lautes Gerede, eine Gruppe von Hirten kommt.

Hirte 1: Da liegen welche an unserem Feuer und schlafen.
Hirte 2: Vielleicht sind es die Engel, die auf uns warten?
Hirte 3: Engel schlafen doch nicht, die passen immer auf.
Hirte 4: Und außerdem haben wir ja getan, was sie uns gesagt haben.
Hirte 1: Wie gut, denn sonst hätten wir nie das Kind in der Krippe gesehen
Hirte 2: Und noch nie habe ich so schönen Gesang gehört wie von den Engeln.
Hirte 3: Friede auf Erden und den Menschen ein Wohlgefallen.
Hirte 4: Und wir waren die Ersten, zu denen Gott die Engel geschickt hat.
Hirte 5: Wir haben Gottes Sohn gesehen, in einem Stall in der Krippe liegen. Ich fasse es nicht. Wir waren auf einmal dem Himmel ganz nah.

Die Schlafenden wachen auf und springen auf.

Ephraim: Wer seid ihr, was wollt ihr, wo kommt ihr her?
Hirte 1: Das fragt ihr uns? Das ist unser Feuer!
Wir sind Hirten, die auf den Feldern vor Betlehem ihre Schafe hüten.
Hassan: Es sind Hirten, na toll! Komm, wir können gleich weitergehen, die haben nichts auf der Naht und sind alles andere als Käufer. Und zu einem König gehören die mit Sicherheit nicht. Stinkende Hirten.
Abdul: Hassan, wie führst du dich auf!
Entschuldigt sein Benehmen, er ist nur ein Händler, der an nichts anderes als an seinen Gewinn denkt.
Wir haben gehört, dass hier ein Kind geboren ist, und wir suchen diesen neugeborenen König, weil wir ihm ein kostbares Geschenk machen wollen. Habt ihr ihn gesehen?
Hassan *(spöttisch)***:** Sicher, ausgerechnet die haben den König gesehen. Der König bittet die stinkenden, armen Herrschaften in seinen goldenen Thronsaal zum Empfang.
Abdul: Hassan, es ist genug *(schiebt ihn einfach zur Seite, Hassan geht in den Hintergrund)*. Bitte, seid nicht verärgert. Könnt ihr uns nicht weiterhelfen? Wir möchten so gerne den Palast finden, wo ein Königskind geboren ist, aber hier scheint es keinen Königspalast zu geben.

Hirten schauen sich ratlos an.

Hirte 1: Du hast völlig recht, einen Palast findest du hier nicht.
Hirte 2: Hier gibt es nur Weiden, Schafe, Berge und viele Hirten.

Hirte 3: Und – dein komischer Freund hat schon recht – uns würde man in einem Palast sicher nicht finden.
Hirte 4: Aber ein Königskind haben wir trotzdem gesehen. Und was für eins, ein ganz anderes als alle, die je geboren wurden. Und Gott selbst hat uns auf den Weg geschickt.
Hirte 5: Wir wissen nun: Gott liebt auch uns!
Abdul: Hast du das gehört, Ephraim. Sie haben den König gefunden, ich werde ihn sehen. Wo ist er, wo ist er? Sagt es mir, bitte.
Hirte 1: Du musst nur dem Stern folgen, er führt dich direkt zum Stall.
Hassan: Ich glaube, ihr kapiert rein gar nichts: Wir wollen einen König besuchen: König! Versteht ihr? Von einem Stall hat niemand was gesagt.
Hirte 4: Die Frage ist, wer hier nichts kapiert, mein Freund!
Der neugeborene König ist ganz anders, habe ich euch doch schon gesagt. Er wohnt nicht in einem Palast. Er ist Gottes Sohn.
Hirte 2: Er passt gut hierher, zu den Schafen, Bergen und zu uns Hirten. Er ist in einem Stall geboren.
Hirte 3: Und wir waren die Ersten, die ihn gesehen und angebetet haben. Denn, wenn wir schon nicht in einen Palast gehören, so doch zu diesem Kind. Es war genauso, wie die Engel uns gesagt haben.
Abdul: Das hört sich alles so merkwürdig an: Engel, Stall, Kind. So ganz anders als erwartet. Und doch muss ich hin. Die drei Männer hatten also recht! Ich wusste es. Ephraim, Hassan, auf geht's!
Hassan: Danke, danke, mein Bedarf an Begegnungen ist heute gedeckt. Ich bleibe hier.
Abdul: Dann bleib nur, du wirst etwas ganz Unglaubliches verpassen. Ich spüre es: Auf einmal ist uns der Himmel ganz nah.

Hirten und Hassan setzen sich still ans Feuer. Abdul und Ephraim machen sich auf den Weg. Eventuell kann leise wieder das Lied auf der Flöte gespielt werden und der Erzähler fährt fort.

Erzähler: Abdul und Ephraim machen sich auf den Weg. Sie sind ganz gespannt, das Kind im Stall zu finden. Wird es der König sein, auf den sie gewartet haben?

Es genügt, wenn ein wenig abseits des Hirtenfeuers eine Holzkrippe steht. Maria und Josef können auf einem Strohballen dahinter sitzen.

Abdul: Da! Da muss es sein. O weh, das sieht ja wirklich armselig aus. Wer hier lebt, wird den Mantel aber gut gebrauchen können.
Der Mantel! Der Mantel! Ephraim! Der Mantel ist weg, ich meine, ich habe ihn vergessen, wohl am Lagerfeuer! Jetzt habe ich nichts, gar nichts, was ich dem Kind schenken kann. Wie armselig, wie erbärmlich. Nein, jetzt gehe ich da nicht hin. Ohne Geschenk!
Ephraim: Meinst du wirklich, dass diesem Kind ein Geschenk wichtig ist? Und dann auch noch so ein prächtiger Mantel.

Kurze Stille

Abdul: Nein, vielleicht hast du recht. Zu diesem Kind passt wohl kein Königsmantel. Wir gehen so, ohne Geschenk. Und wollen leise vor ihm sitzen.

Erzähler lädt ein, das Lied »Ihr Kinderlein kommet« zu singen. Abdul und Ephraim knien beim Lied vor der Krippe und kehren dann zum Feuer zurück.

Lied

»Ihr Kinderlein kommet« *(GL 248,1–5, EG 43,1–6)*
Oder: »Menschen auf dem Weg« (GfY 399)

Abdul: Es ist einfach unglaublich: Es liegt auf Heu und auf Stroh, bei Ochse und Esel. Ein heller Stern leuchtet und mir war, als hörte ich ganz leise Musik oder Gesang, von Engeln vielleicht. Es muss wirklich Gottes Sohn sein. Ich bin wie verzaubert durch dieses Kind.
Ephraim: Übrigens: Den Mantel haben wir aber nicht verschenkt. Wir haben ihn hier vergessen. Wo ist er denn überhaupt?
Hassan: Ja, der Mantel, wo ist denn der schöne, schöne Mantel.
Ephraim: Er ist weg! Wo hast du ihn, Hassan!
Hassan: Was soll das heißen: Wo hast du ihn? Er ist wohl verloren gegangen
Ephraim *(packt Hassan am Kragen)*: Du Schuft, du Halunke, du willst ihn unterschlagen und verkaufen, gib es zu *(Hassan zappelt)*.
Abdul: Ist schon gut, Ephraim, Friede auf Erden haben die Engel gesungen. Wenn er nur mit diesem elenden Mantel glücklich ist, dann soll er ihn behalten. Mein Herz hängt nicht daran. Mein Herz hängt …, ja ab heute hängt mein Herz an diesem Kind.

Von hinten kommt die Frau langsam heran, streift im Gehen den Mantel ab, alle starren zu ihr.

Hassan: So, so, ich habe also den Mantel unterschlagen, was? Ich, der ehrliche Hassan ben Orim habe euren prächtigen Mantel gestohlen, so sagtet ihr doch?
Frau: Werte Männer, ich bitte euch um Entschuldigung, aber die Nacht war so kalt und der Wind so eisig, da habe ich für ein paar Stunden den Mantel genommen, um mich ein wenig zu wärmen. Bitte, seid nicht böse. Hier ist er, völlig unbeschädigt und schön wie er war. *(Ephraim nimmt ihr den Mantel ab.)*
Abdul: Wie könnte ich einer armen, alten Frau böse sein. Gut, dass er dich gewärmt hat, ich freue mich darüber. Für unseren Gottessohn wäre er doch ganz falsch gewesen. Er braucht solche kostbaren Dinge nicht.
Nimm du den Mantel, gute Frau. Euch soll er gehören! *(Reicht den Mantel der Frau. Hassan streckt vergeblich die Hände aus und lässt sie dann ratlos fallen.)*
Ach, Hassan, mein alter Freund. Gott will, dass wir einander lieben und miteinander teilen. Der Himmel tut sich heute uns allen auf. Denn auf einmal ist uns der Himmel ganz nah.

Lied

Alle Krippenschauspieler stellen sich vorne auf und singen gemeinsam:
»Auf einmal ist uns der Himmel ganz nah« *(T: Hans-Jürgen Netz; M: Reinhard Horn; aus dem gleichnamigen Buch)*

Dann wird die Gemeinde eingeladen, das Lied gemeinsam zu singen.

II. Weihnachtsspiele

Für die ganze Gemeinde

Die fünf Weihnachtsspiele sind alle praxiserprobt: Sie wurden im Rahmen von Wortgottesdiensten an Heiligabend um 16 Uhr in der katholischen Pfarrkirche St. Willibald in München-Laim gestaltet. Zwei Erwachsene haben den Erzähltext vorgetragen. Kinder, die im darauffolgenden Jahr ihre Erstkommunion feierten, haben die Szenen pantomimisch gespielt.
Die Entscheidung, dass Erwachsene lesen und die Kinder pantomimisch darstellen, hat mehrere Vorteile: Die acht- bis neunjährigen Kinder stehen nicht unter Druck, einen Text gut verständlich aufsagen zu müssen. Ein Sprechmikrofon genügt.
Je nach Alter der Kinder oder Jugendlichen, die darstellen, und deren Fähigkeiten, kann auch eine andere Entscheidung hinsichtlich der Darstellungsart getroffen werden.

Der Aufbau der fünf Weihnachtsspiele ist identisch:

- *Rahmenhandlung 1: Szenen im Heute*
- *Biblischer Rekurs: Szenen, die stark an der Weihnachtserzählung nach Lukas 2,1–10 orientiert sind*
- *Rahmenhandlung 2: Szenen im Heute in Fortsetzung der Rahmenhandlung 1*

Die Rahmenhandlungen der Weihnachtsspiele sind Szenen aus unserem Alltag und unserem Leben heute. Das schafft nicht nur Identifikationsmöglichkeiten der Anwesenden im Gottesdienst. Es macht eines deutlich: Nur in unserem Leben, wie es ist, kommt Gott zur Welt. Eine andere Welt, etwa eine idealisierte oder erträumte Welt, gibt es real nicht. So gibt es z. B. Szenen an einem Glühweinstand, von Menschen, die gerade einen Christbaum besorgen, oder von Eltern, die einen Krippenplatz für ihr Kind suchen. Es geht um nichts anderes als um eine konkrete Begegnungsmöglichkeit von Leben, wie es ist, mit der Botschaft von der Menschwerdung Gottes, was wir Weihnachten nennen.

Durch die szenischen Darstellungen im Heute gibt es ungewöhnliche Rollen. Das macht die Rollenverteilung nicht einfach, wenn zu einem ersten Treffen die Kinder mit festen Rollenvorstellungen kommen: »Ich möchte auf alle Fälle Hirte sein!« oder dgl. Deshalb ist es wichtig, dass den Kindern vor der Rollenverteilung das gesamte Weihnachtsspiel vorgelesen wird. So lernen sie alle Rollen kennen und lassen sich eher auch für ungewöhnliche Rollen motivieren. Erfahrungsgemäß haben die Kinder, die sich für ungewöhnliche Rollen begeistern oder überreden lassen, beim Darstellen und im Nachhinein die größere Freude.

Die Weihnachtsspiele wurden im Altarraum der Pfarrkirche gestaltet. Vor dem großen Altar, der in der Mitte des Altarraums steht, wurde ein Krippenstall aus alten Brettern aufgebaut. Links vom Altar ist der Szeneraum für das Hirtenfeld, rechts ist der Raum für die Szenen im Heute. Um der Klarheit der Botschaft willen ist es wichtig, dass diese beiden Räume für die Szenen von damals und heute klar getrennt sind. Bindeglied ist die Krippe, die in der Mitte der beiden Szeneräume steht. So wird deutlich gemacht: Da wird Gott Mensch – damals und heute.

Mithilfe von Beleuchtungstechnik wurden die jeweiligen Szenen mit farbigem Licht untermalt. Die beabsichtigten und den Szenen entsprechenden Stimmungen konnten so verstärkt werden.

Die Weihnachtsspiele waren Bestandteil des weihnachtlichen Wortgottesdienstes am Nachmittag des 24. Dezembers. Der Ablauf des Wortgottesdienstes war wie folgt:

- *Instrumentalstück*
- *liturgische Eröffnung*
- *gemeinsames Lied*
- *Worte der Begrüßung und Gebet*
- *gemeinsames Lied*
- *einführende Worte zum Weihnachtsspiel*
- *Weihnachtsspiel – verschiedenen Szenen – auch mit Liedern des Kinderchors*
- *gemeinsames Lied*
- *Fürbitten*
- *Vaterunser*
- *Segensgebet*
- *gemeinsames Lied*

Insgesamt dauerten die Wortgottesdienste ca. 45 Minuten, davon nahmen die Weihnachtsspiele je etwa 25 Minuten in Anspruch.

Tipp: Die Fürbitten in verschiedenen Sprachen vorlesen. Die Weihnachtsspiele wurden von den Erstkommunionkindern szenisch dargestellt. Da einige Kinder und ihre Familien auch Wurzeln in anderen Ländern und Sprachen haben, hatte ich die Eltern gefragt, ob sie bereit wären, eine Fürbitte in ihrer Muttersprache vorzutragen. Dies wurde i. d. R. gerne übernommen, meist auch mit einem gewissen Stolz, dass ihre Sprache im Gottesdienst auch vorkommt. Das Anliegen dabei ist: Die Botschaft von Weihnachten, die sich an alle Menschen richtet, auch sprachlich erlebbar zu machen.

II.1 Gib mir mal bitte die Brille, ich möchte das Kind sehen!

Erich Hornstein

Entstehungshintergrund:
Im Zusammenhang des Münchener Oktoberfestes 2013 gab es Streitigkeiten unter den Festwirten, u. a. auch wegen eines Korruptionsskandals. Dies wurde zum Anlass, die Wirte in den Fokus der Rahmenhandlung zu stellen. Ein jugendlicher Ministrant aus der Pfarrei hatte eine Ausbildung als Augenoptiker begonnen; daraus wurde die Idee geboren, das Thema »Gib mir mal bitte die Brille« aufzugreifen. Er besorgte eine ansprechende Anzahl von ausrangierten Brillengestellen.

Ziel des Weihnachtsspiels:
Entdecken, dass das Kind von Betlehem nur mit den Augen des Herzens gesehen werden kann.

Vorbereitungen

Vorlagen:
- *Liedblatt*
- *evtl. Plakat*

Rollen:
- *Wirt Herr Krugbichler*
- *Wirtin Frau Krugbichler*
- *Enkel Johannes*
- *Enkelin Martha*
- *zwei bis vier Touristen und Freunde von Martha und Johannes*
- *drei bis fünf Wirte und Wirtinnen heute*
- *Oberwirt heute*
- *Kellner heute*
- *zwei bis drei Requisiteure für Umbauten*
- *Maria*

- *Josef*
- *Wirt 1 damals*
- *Wirt 2 damals*
- *Hirte Simon*
- *zwei bis drei weitere Hirten*
- *drei bis fünf Schafe*
- *Verkündigungsengel*
- *drei bis fünf weitere Engel*

Beschreibung der Szeneräume:
- *Szeneraum M in der Mitte: Stall mit Krippe mit großem Vorhang abgedeckt*
- *Szeneraum links:*
  - *Szeneraum L1: bei Josef und Maria zuhause in Nazaret*
  - *Szeneraum L2: Hirtenfeld*
- *Szeneraum rechts:*
  - *Szeneraum R1: Rezeptionsraum einer Pension mit Empfangstisch und kleiner Weihnachtskrippe*
  - *Szeneraum R2: Wirtshaustisch mit Stühlen für Weihnachtsfeier der Wirte*

Besondere Materialien:
- *mindestens 30 nicht mehr benutzte Brillengestelle ohne Gläser*
- *für den Szeneraum R1: kleine Weihnachtskrippe*
- *für den Szeneraum L1: Holz, Säge und Sägebock, Kochtopf und Kochutensilien*
- *Stern mit Schweif, z. B. mit Beamer an Kirchenwand projizieren*

Beginn

Adventliches Instrumentalstück
Oder: »Bereitet den Weg« *(GfY 401)*

Liturgische Eröffnung

Lied

»Kleines Licht aus Betlehem« *(T: Rolf Krenzer, M: Reinhard Horn; S. 147; gemeinsam singen)*
Oder: »Mein Weihnachtsstern, der leuchtet weit« *(T: Rolf Krenzer; M: Detlev Jöcker, CD 1 oder 2)*

Begrüßung und freies Gebet

Lied

»Weihnachtskerze, leuchte« *(T/M: Uwe Lal; S. 148; gemeinsam singen)*
Oder: »Mache dich auf und werde licht« *(GL 219/GfY 404)*

Einführende Worte zum Weihnachtsspiel

Herr Krugbichler ist von Beruf Wirt. Er hat eine kleine Pension. Dort werden wir nun in unserem Weihnachtsspiel zu Gast sein.

Weihnachtsspiel

Ausgangssituation wird vor Beginn des Gottesdienstes eingerichtet:
Szeneraum M, Szeneraum R1, Szeneräume L1 und L2

Licht an in Szeneraum R1.
Herr Krugbichler steht hinter dem Empfangstisch seiner Pension.
Frau Krugbichler beginnt die Weihnachtskrippe auszupacken und herzurichten.
Touristen stehen an der Seite bereit.

Erzähler 1	Pantomime
Das ist Herr Krugbichler. Er ist von Beruf Wirt und hat eine kleine Pension in der Landsberger Straße *(an Örtlichkeiten anpassen).*	*Herr Krugbichler steht hinter dem Empfangstisch und geht seiner Arbeit nach: Er telefoniert, schreibt auf, winkt den Leuten zu.*
Die sieben Zimmer seiner Pension sind zurzeit voll ausgebucht, denn es sind viele Touristen in der Stadt, die die Christkindlmärkte besuchen.	*Touristen gehen vorne vorbei.*
Herr Krugbichler hat viel zu tun. Er freut sich, denn es ist sein Geschäft. Doch heute Nachmittag, am Vortag von Weihnachten, nimmt er sich frei. Er ist eingeladen zur Weihnachtsfeier der Wirte. Zum ersten Mal dürfen auch seine beiden Enkelkinder Martha und Johannes mitgehen.	*Johannes und Martha treten auf und gehen zum Opa.*

Sie sind acht und zehn Jahre alt und freuen sich sehr, dass sie mit ihrem Opa auf diese Weihnachtsfeier gehen dürfen. Er hatte ihnen schon oft davon erzählt.

Herr Krugbichler, Johannes und Martha verlassen Szeneraum R1. Licht aus in Szeneraum R1. Requisiteure bauen Szeneraum R1 ab und Szeneraum R2 auf. Licht an in Szeneraum R2.

Sie sind schick angezogen, stapfen durch den frischen Schnee und kommen zu dem großen Wirtshaus, wo dieses Jahr die Weihnachtsfeier stattfindet.

Herr Krugbichler, Johannes und Martha gehen auf Szeneraum R2 zu und erreichen diesen.

Sie treten ein in die warme Wirtsstube und Opa nimmt erst mal die Brille ab, weil sie beschlagen ist.

Herr Krugbichler nimmt seine Brille ab.

Sie werden von den anderen Wirten herzlich begrüßt und sie setzen sich sogleich an den großen Tisch.

Die Wirte, der Oberwirt und der Kellner treten auf. Allgemeines Händeschütteln.
Alle setzen sich. Der Kellner bedient.

Martha und Johannes beobachten die vielen Wirte, die am Tisch sitzen, und wie angeregt sie sich unterhalten. Ihnen fällt auf, dass die Wirte schon sehr unterschiedliche Gestalten sind: Einige sind in Tracht, andere in Lederjacke und tätowiert, die einen haben lange Haare, einige kurze, und andere gar keine Haare mehr.

Gesten angeregter Unterhaltung.

Opa sagt, dass heute sogar der Wirt dabei ist, von dem in der Zeitung zu lesen war, dass er viel Steuern hinterzogen haben soll.

Herr Krugbichler wendet sich seinen Enkeln zu.

Und ein anderer prahlt, wie er seine teure Rolex-Uhr auf dem Rückflug von Dubai am Zoll vorbeigeschmuggelt hat. Wie dem auch sei, alle Wirte sitzen gemeinsam an einem Tisch.

Ein Wirt zeigt auf seine Uhr.

Dann erhebt sich der Oberwirt, schlägt sein Bierglas an und hält eine Rede.

Der Oberwirt steht auf. Oberwirt gestikuliert.

Er spricht vom Umsatzplus beim Glühwein, stagnierendem Bierkonsum und guter Auslastung bei den Übernachtungen. Ach wie langweilig, denken sich Martha und Johannes.

Martha und Johannes machen eine wegwerfende Handbewegung und schauen gelangweilt.

Doch dann wird es spannend: Der Oberwirt bittet alle Anwesenden, sich zu einer Gedenkminute von ihren Plätzen zu erheben. Alle stehen, sind ganz ruhig und andächtig.

Alle erheben sich. Auch der Kellner bleibt stehen.

Der Oberwirt spricht nun mit feierlicher Stimme: »Wie jedes Jahr gedenken wir des klügsten und mutigsten Wirtes unserer Zunft. Es ist schon lange her, vor über 2000 Jahren, als dieser Wirt in Betlehem seine Herberge hatte. Als einmal alle Herbergen in der Stadt übervoll waren, hat dieser Wirt einem jungen Paar – sie erwartete ein Kind – noch einen Platz verschafft. Zwar nur in einem Stall, aber immerhin: Sie hatten ein Dach über dem Kopf.

Der Oberwirt gestikuliert.

Als Zeichen unserer Wertschätzung ihm gegenüber legen wir diesen Hut nieder.« Alle Wirte bewundern ihren längst verstorbenen Kollegen von Betlehem, weil er so klug und menschlich gehandelt hat. Erst später hatte dieser Wirt erfahren, dass das Kind, das damals geboren wurde, ein Prominenter geworden ist. Seine Eltern hatten ihm den Namen Jesus gegeben.

Oberwirt legt einen Hut auf den Tisch. Alle bleiben gedenkminutenartig stehen.

Alle treten ab. Licht aus in Szeneraum R2. Requisiteure bauen Szeneraum R2 ab und Szeneraum R1 wieder auf. Währenddessen wird ein Lied von allen Gottesdienstbesuchern gesungen.

Lied

»Alle Jahre wieder« *(T: Wilhelm Hey, M: Friedrich Silcher; 3 Strophen, gemeinsam singen)*

Licht an in Szeneraum R1. Herr Krugbichler steht wieder hinter dem Empfangstisch seiner Pension. Frau Krugbichler baut die Weihnachtskrippe vollends auf. Johannes und Martha sind bei Opa und Oma Krugbichler.

Erzähler 1	Pantomime
Am frühen Abend waren Martha und Johannes mit ihrem Opa wieder zu Hause. Johannes ist noch ganz beeindruckt von der Weihnachtsfeier der Wirte. Er meint: »Wirt ist schon ein toller Beruf, weil der eine Wirt so nahe an dem neugeborenen Jesus sein konnte.«	*Johannes sinniert vor sich hin.*
Martha ist nun eher mit praktischen Sorgen beschäftigt und fragt ihren Bruder: »Hast du schon deine Weihnachtsgeschenke für Mama und Papa eingepackt? Das Christkind kann doch nicht alles alleine machen!«	*Martha rüttelt ihren gedankenversunkenen Bruder wach.*
Johannes ist aber noch ganz mit seinen Gedanken beschäftigt und fragt seinen Opa: »Das mit dem Wirt und dem neugeborenen Kind ist ja schon ewige Zeiten her, aber warum feiern wir heute, im Jahr 20…, eigentlich Weihnachten?«	*Johannes wendet sich an seinen Opa.*
Opa Krugbichler überlegt.	*Herr Krugbichler macht eine überlegende Handbewegung.*
Dann versucht er ihm eine Antwort zu geben: »Jedes Jahr an Weihnachten feiern wir, dass unser Gott in diesem Jesus Mensch geworden ist. Gott und Mensch treffen sich in dem kleinen Kind Jesus. Weil Gott Mensch geworden ist, hat er unser Leben als Menschen so wertvoll gemacht. Und so ist auch jede und jeder von uns wie ein Geschenk von Gott.	*Dann wendet er sich seinem Enkel Johannes zu.*

Deshalb beschenken wir uns auch und deshalb stellen wir auch die Krippe auf: Da sind Maria und Josef, die Hirten und Schafe, Ochse und Esel und inmitten eine Futterkrippe, in der Jesus als neugeborenes Kind liegt.«	*Frau Krugbichler ist jetzt fertig mit dem Krippenaufbau. Herr Krugbichler zeigt auf die Krippe.*
Da sagt Opa zu Johannes: »Gib mir mal bitte meine Brille! Ich möchte das Kind sehen! – Danke!	*Johannes gibt seinem Opa die Brille.*
Ah! Ich sehe das Kind!	*Herr Krugbichler neigt sich zur Krippe.*
Wollt ihr auch alle dieses Kind sehen? Die Leute erzählen sich, dass es so war:«	*Herr Krugbichler schaut in die Menge.*

Alle aus Szeneraum R1 treten ab. Dann Licht aus in Szeneraum R1.

Licht an in Szeneraum L1.

Erzähler 2	Pantomime
Damals lebte Josef mit Maria, seiner Verlobten, in der Stadt Nazaret in Galiläa. Josef war ein Zimmermann. Seine Geburtsstadt, so wird uns überliefert, sei die Stadt Davids, eine Stadt in Judäa, die Betlehem heißt. Die Länder Galiläa und Judäa gehörten damals zu dem riesigen Römischen Reich. Dieses Reich wurde von Kaiser Augustus regiert. Er befahl damals, eine Volkszählung durchführen zu lassen. Alle Menschen mussten sich in ihrer Geburtsstadt in Listen eintragen lassen.	*Josef sägt Holz am Sägebock. Maria rührt im Kochtopf.*
So musste Josef mit seiner Maria zu Fuß von Nazaret nach Betlehem gehen, ein weiter und beschwerlicher Weg. Beschwerlich war der Weg zu Fuß auch deswegen, weil Maria schwanger war und sie bereits in wenigen Tagen ihr Kind erwartete.	*Josef und Maria lassen ihre Sachen liegen und gehen los.* *Licht aus in Szeneraum L1.* *Josef stützt Maria beim Gehen.*

»Der Weg ist so weit. Ich möchte ein wenig ausruhen! Meine Beine tun weh und das Gehen fällt mir immer schwerer!«

Maria und Josef bleiben stehen. Maria wendet sich an Josef.

Josef sagte: »Maria, schau, da vorne! Ich sehe schon die Lichter von Betlehem. Bald kannst du dich ausruhen von unserem tagelangen Marsch. Lass uns doch langsam weitergehen.«

Josef zeigt mit ausgestreckter Hand nach vorne.

Maria und Josef gehen beschwerlich weiter.

Viele Menschen waren schon nach Betlehem gekommen. Spät am Abend erreichten auch Maria und Josef die Stadt.

Maria und Josef gehen in der Mitte auf Szeneraum M zu. Dort stehen »Wirt 1 damals« und »Wirt 2 damals« bereit.

Sie suchten eine Herberge, wo sie über Nacht bleiben könnten. Sie klopften an der Tür des ersten Gasthauses.

Josef klopft an.

Der Wirt kam heraus und fragte: »Was wollt ihr noch so spät bei mir?«
»Wir suchen ein Zimmer!«, antwortete Josef.

»Wirt 1 damals« tritt auf und wendet sich Maria und Josef zu.

Doch der Wirt entgegnete: »Es sind so viele Menschen nach Betlehem gekommen. Mein Haus ist überfüllt. Geht und sucht woanders!«

»Wirt 1 damals« winkt ab.

»Wirt 1 damals«, Josef und Maria bleiben stehen, während der Kinderchor ein Lied singt.

Lied

»Wer klopft an meiner Tür?« *(T/M: Aus Altbayern, Salzburg, Tirol, Kinderchor singt)*

»Wirt 1 damals« tritt ab, Maria und Josef gehen ein paar Schritte weiter.

Erzähler 2	Pantomime
Bei vielen anderen Herbergen erging es Maria und Josef nicht anders. Nirgends war ein Zimmer frei. So auch bei der nächsten Herberge.	*Maria und Josef gehen in Richtung »Wirt 2 damals«.*
Auch dort sagte ihnen der Wirt: »Es tut mir leid. Mein Haus ist besetzt, nicht ein einziges Bett ist frei.«	*»Wirt 2 damals« tritt auf. Er trägt den Hut aus der Wirtshausszene R2. »Wirt 2 damals« winkt zunächst ab.*

»Wirt 2 damals«, Josef und Maria bleiben stehen, während der Kinderchor ein Lied singt.

Lied

»Wer klopft an meiner Tür?« *(T/M: Quelle unbekannt; Kinderchor singt)*

Oder: »Herbergssuche« *(T/M: Detlev Jöcker; CD 6; S. 146; Kinderchor singt)*

»Wirt 2 damals« bleibt stehen. Maria und Josef gehen einen Schritt weg.

Erzähler 2	Pantomime
Maria sagte zu Josef: »Ich spüre mein Kind. Es will nicht länger warten.« Der Wirt erkannte die Not der beiden.	*Maria wendet sich an Josef.*
Er sagte daraufhin: »Mein Haus ist zwar voll. Aber ich habe noch einen alten Stall.	*»Wirt 2 damals« winkt Josef und Maria zurück. Großen Vorhang von Stall mit Krippe abnehmen. Licht an im Szeneraum M.*
Dort könnt ihr bleiben.«	*»Wirt 2 damals« zeigt zum Stall.*
Maria und Josef bedankten sich. Der Wirt begleitete die beiden zu dem Stall. Maria und Josef waren froh, dass sie doch noch ein Dach über dem Kopf gefunden hatten.	*Maria, Josef und »Wirt 2 damals« gehen zum Stall. Maria setzt sich neben die Krippe. Josef bleibt auf der anderen Seite der Krippe stehen. »Wirt 2 damals« tritt ab.*

Und als sie dort waren, kam die Zeit, dass Maria gebären sollte.	*Licht aus in Szeneraum M. Maria nimmt Tuch von Jesuskind weg, das in der Krippe liegt. Stern mit Schweif einschalten.*
Und sie gebar ihren ersten Sohn, wickelte ihn in Windeln und legte ihn in die Futterkrippe, die dort im Stall stand *(nach Lk 2,7).*	*Licht wieder an in Szeneraum M.*

Lied

»Jesus ist geboren« *(GfY 416/TfG 503; S. 145; Kinderchor singt)*

Licht aus in Szeneraum M. Hirten und Schafe machen sich bereit in Szeneraum L2. Dann Licht an in Szeneraum L2.

Erzähler 2	Pantomime
Auf den Feldern vor der Stadt waren Hirten mit ihren Schafen. Sie saßen noch am Feuer. Eigentlich wollten sie schon lange schlafen, aber diese Nacht war irgendwie seltsam.	*Hirten sitzen am Lagerfeuer. Schafe liegen daneben.*
Auch die Schafe waren ungewohnt unruhig.	*Schafe bewegen sich.*
Plötzlich sagte der Hirte Simon: »Schaut mal! Dieser hell leuchtende Stern!«	*Hirte Simon steht auf und zeigt zum Stern.*
Alle Hirten schauten zu diesem Stern empor und staunten. Der Hirte Simon bemerkte: »Es ist eigenartig: Einen so hell leuchtenden Stern habe ich noch nie gesehen!«	*Alle Hirten schauen in die Richtung des Sterns mit Schweif.*
Als sie noch staunten, kam plötzlich ein Engel zu den Hirten.	*Verkündigungsengel tritt auf und bleibt zwischen Szeneraum L2 und Szeneraum M stehen.*

Die Hirten erschraken.	*Hirten zucken zusammen.*
Doch der Engel sagte: »Fürchtet euch nicht! Ich bringe euch eine frohe Nachricht. Alle Menschen sollen es erfahren: Heute ist euch der Heiland geboren. In Betlehem ist der Retter, ist Jesus zur Welt gekommen. Macht euch auf den Weg! Ihr werdet ein Kind finden, das in Windeln gewickelt ist und in einer Krippe liegt.«	*Verkündigungsengel wendet sich den Hirten zu.*
Es kamen noch weitere Engel dazu. Sie sprachen: »Wir loben Gott und bringen den Menschen Frieden.«	*Weitere Engel treten hinzu. Alle bleiben stehen.*

Lied

»Wacht auf und schlaft nicht mehr« *(T/M: Detlev Jöcker; CD 6; Kinderchor singt)*

Nach dem Lied treten alle Engel wieder ab.

Erzähler 2	Pantomime
Als die Engel wieder weg waren, sagten die Hirten zueinander: »Welch wundersame Nacht! Ist es wirklich wahr, was wir soeben erlebt haben?«	*Hirten wenden sich mit Gesten des Gesprächs einander zu.*
Da bemerkte ein Hirte: »Da, seht mal! Der Stern! Er bewegt sich! Wohin wandert er?«	*Ein Hirte zeigt zum Stern.*
Der Hirte Simon sagte: »Vielleicht will Gott uns durch den Stern den Weg zum neugeborenen Kind weisen. Kommt, wir folgen ihm!«	*Hirte Simon wendet sich diesem und den anderen Hirten zu. Hirten nehmen Laternen mit und gehen los. Schafe bleiben im Hirtenfeld Szeneraum L2 zurück. Licht aus in Szeneraum L2. Während Hirten gehen, singt Kinderchor.*

Lied

»Stern über Betlehem, zeig uns den Weg« *(KiGoLo 227/GfY 400/TfG 495; Kinderchor singt)*

Licht an in Szeneraum M. Hirten gehen auf den Stall in Szeneraum M zu.

Erzähler 2	Pantomime
Der Hirte Simon bemerkte: »Seht, der Stern bleibt direkt über einem alten Stall stehen. Was hat das zu bedeuten?«	*Hirte Simon wendet sich den anderen Hirten zu und zeigt zum Stern mit Schweif.*
Ein anderer Hirte erwiderte: »Ob darin der Heiland geboren ist, vom dem der Engel sprach?« »In dem kleinen Stall?«, fragte ein weiterer Hirte.	*Hirten mit Gesten des gemeinsamen Gesprächs.*
Und so kamen die Hirten eilend von den Feldern und fanden beide, Maria und Josef, und das Kind, das in der Krippe lag.	*Alle Hirten nähern sich vollends dem Stall.*
Die Hirten knieten ehrfürchtig nieder, falteten die Hände und beteten: »Guter Gott, du hast uns durch deinen Stern zur Krippe geführt. Mit deinem Sohn hast du uns reich beschenkt. Aus tiefem Herzen danken wir dir. Amen.« *(kurz innehalten)* Die Hirten verweilten noch an der Krippe.	*Alle Hirten knien vor der Krippe nieder.*
Dann standen sie freudig auf und sagten: »Kommt, wir gehen zu allen Menschen und erzählen ihnen von dem Kind in der Krippe. Dieses Kind ist Gottes Sohn, unser Retter. Heute ist er geboren.«	*Hirten stehen auf, drehen sich zu den Anwesenden in der Kirche.*

Alle Hirten gehen zurück aufs Hirtenfeld in Szeneraum L2. Maria bleibt sitzen. Josef bleibt stehen. Dann Licht aus in Szeneraum M.

Licht an in Szeneraum R1. Herr und Frau Krugbichler, Johannes und Martha treten wieder auf. Frau Krugbichler baut die Weihnachtskrippe vollends auf. Herr Krugbichler hat seine Brille auf und steht hinter dem Empfangstisch, Johannes und Martha davor.

Erzähler 1	Pantomime
Johannes zweifelt und sagt: »Naja, ob das wirklich so war, wie es uns soeben erzählt wurde? Das mit dem Stall und so? Soll das so gewesen sein?«	*Johannes wendet sich Martha gesprächsgestikulierend zu.*
»Keine Ahnung!«	*Martha mit wegwerfender Handbewegung.*
»Was meinst denn du, Opa?«	*Johannes wendet sich Opa zu.*
Der Opa antwortet: »Ich sehe in dieser Erzählung von Weihnachten das Kind. Ob da Ochse und Esel waren oder viele Schafe, ist mir egal.	*Opa Krugbichler schaut zu Johannes.*
Ich sehe das Kind. Und in diesem Kind ist Gott Mensch geworden. Das ist Weihnachten. Und dieses Kind Jesus verändert meinen Blick auf alle Menschen.	*Opa Krugbichler zeigt zur Weihnachtskrippe.*
In jedem Menschen kann ich so etwas sehen, dass Gott Mensch geworden ist. Das macht unser Leben, das Leben jedes Einzelnen von uns, so wertvoll.	*Opa Krugbichler zeigt auf alle Menschen in der Kirche.*
Willst du auch mal mit meiner Brille auf das Kind sehen?«	*Opa Krugbichler nimmt seine Brille ab und bietet sie Johannes an.*
»O ja, lass mich mal sehen, bitte«, sagt Johannes.	*Johannes erfreut.*
(kurz innehalten, dann:) »Aber diese Brille hat ja gar keine Gläser!«	*Johannes setzt Brille auf.*
Daraufhin sagt Opa: »Diese Brille braucht keine Gläser. Das ist eine Brille, mit der man mit dem Herzen sehen kann. Und so sehe ich in diesem Kind von Betlehem unseren Gott, der in diesem Kind Jesus Mensch geworden ist.«	*Opa Krugbichler lächelt und wendet sich Johannes zu.*

»Wow!«, staunte Johannes, und mit ihm auch Martha.

Johannes erstaunt.

Nun meinte Martha: »Opa, wie ich dich kenne, hast du ja mehrere Brillen. Können wir von diesen besonderen Brillen auch welche unseren Freunden geben? Sie wollen sicher auch das Kind mit ihrem Herzen sehen.«

Martha wendet sich an Opa Krugbichler.
Freunde treten hinzu.

»Klar!«, sagte Opa freudig, »die kannst du alle verteilen. Je mehr, umso besser. So wird Weihnachten: Wenn möglichst viele das Kind mit ihrem Herzen sehen können.«

Herr Krugbichler holt die vielen Brillengestelle, idealerweise auf einem Tablett bereitgelegt, hinter dem Empfangstisch hervor.

Martha und Johannes teilen die Brillen an ihre Freunde und dann an alle aus, soweit die Brillen reichen. Alle Darsteller kommen nach vorne zur Krippe. Dann singen alle das folgende Lied. Dazu nur Licht in Szeneraum M.

Lied

»Lasst das Lied der Liebe weiterklingen« *(T/M: Detlev Jöcker; CD 1 + 3; gemeinsam singen)*

Alle Darsteller treten ab, nur Maria und Josef bleiben bei der Krippe.

Fürbitten

Guter Gott, wir feiern Weihnachten, weil du in dem kleinen Kind Jesus Mensch geworden bist. Heute an Weihnachten schauen wir auf das kleine Kind Jesus. Dieses Gotteskind verändert unseren Blick auf alle Menschen.
Wir beten heute in verschiedenen Sprachen. Die zweite Fürbitte für alle, die Verantwortung tragen, wird in polnischer Sprache sein. Die vierte Fürbitte für diejenigen, die in Krisengebieten unserer Erde leben, wird auf albanisch gesprochen.
So beten wir aus ganzem Herzen zu dir:

1. Wir bitten für alle, die heute Weihnachten feiern: für Evangelische und Katholische, für Orthodoxe und andere, für Ausgetretene und Bekenntnislose und auch für jene, die heute nichts zu feiern haben.
   Alle: Wir bitten dich, erhöre uns.

In polnischer Sprache:

2. Módlmy się za wszystkich, którzy ponoszą odpowiedzialność za innych: za polityków i biskupów, za rodziców i wychowawców, za pedagogów i lekarzy, za pielęgniarki i opiekunów osób starych.

In deutscher Sprache:

Wir bitten dich für alle, die Verantwortung für andere tragen: für Politiker und Bischöfe, für Eltern und Erzieherinnen, für Lehrer und Pädagogen, für Ärzte, Krankenschwestern und Altenpfleger.

Alle: Wir bitten dich, erhöre uns.

3. Wir bitten für alle, die niemand im Blick hat und die am Rand des Lebens stehen, und für jene, die sich aus den Augen und dem Herzen verloren haben.

Alle: Wir bitten dich, erhöre uns.

In albanischer Sprache:

4. Te lutem o Zot, për të gjithë ata qe jetojne në vënde ku ka luftë dhe për të gjithë ata se jan bërë Viktima te katastrofave te natyres.

In deutscher Sprache:

Wir bitten für alle, die in den Krisengebieten dieser Erde leben, und für jene, die Opfer von Naturkatastrophen geworden sind.

Alle: Wir bitten dich, erhöre uns.

5. Wir bitten dich für alle, die nach dem Sinn ihres Lebens fragen, für alle, die an dich glauben wollen, und für jene, die mit Glauben nichts anfangen können.

Alle: Wir bitten dich, erhöre uns.

Gott, unser Vater, du kannst unseren Blick auf andere Menschen verändern. Du selbst bist Mensch geworden und willst, dass uns Leben gelingt, damals, heute und morgen. Wir loben und preisen dich, jetzt und in Ewigkeit. Amen.

Vaterunser

Segensgebet

Num 6,24/GL 13,1

Lied

»Stille Nacht« *(GL 249; EG 46; gemeinsam singen)*

II.2 Hast du schon einen Krippenplatz?

Erich Hornstein

Entstehungshintergrund:
Im Herbst 2012 wurde der Rechtsanspruch auf einen Krippenplatz in Kindertagesstätten für die unter dreijährigen Kinder ab 1. August 2013 heftig diskutiert. Im Zuge dieser Diskussionen entstand die Idee, das Wortspiel um den »Krippenplatz« zum Thema zu nehmen. Wo ist die »Krippe«, die Jesus aufnimmt? Wo findet er Platz bei uns?

Ziel des Weihnachtsspiels:
Entdecken, wo Jesus, das neugeborene Kind, bei mir einen Platz haben kann.

Vorbereitungen

Vorlagen:
- *Liedblatt*
- *Plakat*

Rollen:
- *Frau Christ real (= Christ R.)*
- *Frau Christ im Traum (= Christ T.)*
- *frühere Arbeitskollegin von Frau Christ R.*
- *zwei bis drei Freundinnen von Frau Christ R.*
- *Herr Christ*
- *Josef*
- *Maria*
- *Wirt 1*
- *Wirt 2*
- *Hirte Simon*
- *zwei bis drei weitere Hirten*
- *drei bis fünf Schafe*
- *Verkündigungsengel*
- *drei bis fünf weitere Engel*
- *ein Mann*

- *Vater*
- *Mutter*
- *zwei Kinder*
- *junger Mann*
- *junge Frau*
- *zwei, die einen Vorhang halten*
- *zwei Requisiteure für Umbauten*

Die Rollen von »Frau Christ real« und »Frau Christ im Traum« wurden ursprünglich für ein Zwillingspaar geschrieben.

Beschreibung der Szeneräume:
- *Szeneraum M in der Mitte: Stall mit Krippe mit großem Vorhang abgedeckt*
- *Szeneraum links:*
  - *Szeneraum L1: bei Josef und Maria zuhause in Nazaret*
  - *Szeneraum L2: Hirtenfeld*
- *Szeneraum rechts:*
  - *Szeneraum R1: freier Platz für die Rahmenhandlung des Weihnachtsspiels*
  - *Szeneraum R2: ist räumlich hinter Szeneraum R1. Dort steht ein Türrahmen.*

Besondere Materialien:
- *für die Szeneräume R1 und R2: ein Kinderwagen, Bistrotisch mit einigen Hockern, ein Laptop, eine Liege als Schlafplatz für Frau Christ R., zwei Reisekoffer*
- *für den Szeneraum R2: ein Türrahmen*
- *für den Szeneraum L1: Holz, Säge und Sägebock, Kochtopf und Kochutensilien*
- *Stern mit Schweif, z. B. mit Beamer an Kirchenwand projizieren*

Beginn
adventliches Instrumentalstück
Oder: »Herr, wir warten auf dich« *(GfY 405)*

Liturgische Eröffnung

Lied
»Mein Weihnachtsstern, der leuchtet« *(T: Rolf Krenzer; M: Detlev Jöcker; CD 1 + 2; gemeinsam singen)*

Begrüßung und freies Gebet

Lied

»Weihnachtskerze, leuchte« *(T/M: Uwe Lal; S. 148; gemeinsam singen)*

Einführende Worte zum Weihnachtsspiel

Weihnachtsspiel

Ausgangssituation wird vor Beginn des Gottesdienstes eingerichtet: Szeneraum M, Szeneräume R1 und R2, Szeneräume L1 und L2

Licht an in Szeneraum R1.

Erzähler 1	Pantomime
Frau Christ geht zum Willibaldplatz *(anpassen an örtliche Gegebenheiten)*. Sie macht noch schnell einige Besorgungen, solange ihr Kind im Kinderwagen schläft. Jonas ist erst wenige Wochen alt. Letzte Nacht schlief er zum ersten Mal durch – zumindest bis um 4 Uhr in der Frühe. Frau Christ und ihr Mann sind glücklich mit Jonas.	*Frau Christ R. geht mit Kinderwagen im Szeneraum R1 gemach hin und her.* *Sie schaut in den Kinderwagen nach ihrem Kind.*
Vor der Bäckerei am Willibaldplatz trifft Frau Christ eine frühere Arbeitskollegin. Sie schaut neugierig in den Kinderwagen. »Ist ja ein prächtiges Kerlchen, euer Jonas. Und, habt ihr schon einen Krippenplatz für ihn?« Frau Christ schüttelt den Kopf: »Nein, wir haben noch nichts in Aussicht.«	*Frühere Arbeitskollegin kommt hinzu.* *Sie schaut in den Kinderwagen.* *Die beiden Frauen sind einander zugewandt. Gesten des Gesprächs.* *Frau Christ R. schüttelt den Kopf.*
Sie unterhalten sich noch kurz, verabschieden sich und jede geht ihren Weg weiter.	*Frühere Arbeitskollegin und Frau Christ R. mit Kinderwagen treten ab.*

Licht aus im Szeneraum R1. Requisiteure bauen Bistrotisch und Hocker auf. Licht an im Szeneraum R1. Frau Christ R. tritt auf (ohne Kinderwagen), dazu die Freundinnen von Frau Christ R.

Am Abend, nachdem Jonas eingeschlafen ist, trifft sich Frau Christ noch mit ihren Freundinnen aus der Straße. Sie unterhalten sich angeregt und tauschen ihre Neuigkeiten aus. Sie reden über ihre Männer, was diese tun und was sie nicht tun, was sie schon lange tun und was sie besser lassen sollten. Schließlich unterhalten sie sich über ihre Kinder; welche Sorgen sie sich um sie machen, an was alles zu denken ist, und was es alles zu organisieren gilt.

Frau Christ R. und Freundinnen sitzen am Tisch. Gesten des Gesprächs.

Und dann wieder diese Frage: »Habt ihr denn jetzt einen Krippenplatz für euren Jonas?« – »Da kannst du nicht früh genug dran sein!« – »Du kannst froh sein, wenn du in einem Jahr einen Platz bekommst!« – »Da nutzt der ganze Rechtsanspruch auf einen Krippenplatz nichts, wenn es kein Personal gibt!« – Ein endloses Thema: der Krippenplatz.

Freundinnen wenden sich ernsthaft gestikulierend und eindringlich an Frau Christ R.

Frau Christ geht aufgewühlt und besorgt nach Hause.

Freundinnen treten ab. Frau Christ R. geht umher.

Requisiteure räumen Bistrotisch ab und stellen Laptop auf den Tisch. Vor dem Tisch wird eine Liege aufgestellt. Herr Christ setzt sich an den Tisch und schaut auf den Bildschirm des Laptops.

Sie ist müde. Jonas schläft ruhig. Ihr Mann sitzt noch am Computer und sagt: »Schon wieder eine Absage. Auch die *Glühwürmchen* haben keinen Krippenplatz für Jonas!«

Frau Christ R. tritt zum Tisch, an dem Herr Christ sitzt.
Herr Christ wendet sich an Frau Christ R.

»Ich bin so müde. Ich geh ins Bett, bevor Jonas wieder ruft. Gute Nacht!« Frau Christ schläft unruhig ein. Ihre Gedanken kreisen um das eine Wort: Krippenplatz, Krippenplatz, Krippenplatz, … In der Nacht träumt sie von einem Krippenplatz.

Frau Christ R. winkt Herrn Christ zu. Er bleibt am Tisch sitzen.
Sie legt sich auf die Liege zum Schlafen.

Licht aus in Szeneraum R1. Herr Christ tritt ab. Frau Christ R. bleibt liegen.

Licht an in Szeneraum L1.

Es folgen die Szenen zur biblischen Weihnachtsgeschichte wie in II.1: S. 51 Mitte bis S. 56 Ende
Erzähler 2: Damals lebte Josef mit Maria, seiner Verlobten …

Lied
»Herbergssuche« *(T/M: Detlev Jöcker; CD 6; S. 146; Kinderchor singt)*

Wirt 1 tritt ab, Maria und Josef gehen ein paar Schritte weiter:
Erzähler 2: Bei vielen anderen Herbergen erging es Maria und Josef nicht anders …
Fortfahren wie in II.1

Lied
»Herbergssuche« *(T/M: Detlev Jöcker; CD 6; S. 146; Kinderchor singt)*

Wirt 2 bleibt stehen. Maria und Josef gehen einen Schritt weg:
Erzähler 2: Maria sagte zu Josef: »Ich spüre mein Kind …«
Fortfahren wie in II.1

Lied
»Jesus ist geboren« *(GfY 416/TfG 503; S. 145; Kinderchor singt)*

Licht aus in Szeneraum M. Hirten und Schafe machen sich bereit in Szeneraum L2. Dann Licht an in Szeneraum L2.
Erzähler 2: Auf den Feldern vor der Stadt waren Hirten mit ihren Schafen …
Fortfahren wie in II.1

Lied
»Wacht auf und schlaft nicht mehr« *(T/M: Detlev Jöcker; CD 6; Kinderchor singt)*

Nach dem Lied treten alle Engel wieder ab.
Erzähler 2: Als die Engel wieder weg waren, sagten die Hirten zueinander: …
Fortfahren wie in II.1

Lied
»Stern über Betlehem, zeig uns den Weg« *(GfY 400/TfG 495; Kinderchor singt)*

Licht an im Szeneraum M. Hirten gehen auf den Stall im Szeneraum M zu.
Erzähler 2: Der Hirte Simon bemerkte: »Seht, der Stern …«
Fortfahren wie in II.1

Licht an in Szeneraum R1 und R2. In Szeneraum R1 liegt Frau Christ R. noch auf der Liege.

Erzähler 1	Pantomime
Frau Christ wacht kurz auf. Sie dachte, sie hätte Jonas gehört. Sie dreht sich um und schläft weiter.	*Frau Christ R. erhebt sich kurz, dreht sich zur Seite und legt sich wieder schlafen.*
Sie träumt davon, dass sie mit ihrem Kinderwagen zur Krippe geht. Sie hebt Jesus aus der Krippe und sucht nach einem Platz für ihn.	*Frau Christ T. tritt mit dem Kinderwagen auf. Sie geht zur Krippe im Szeneraum M, nimmt das Jesuskind aus der Krippe und legt es in den Kinderwagen.*
Sie geht die Straße entlang. Feine Gegend. Große, frei stehende Häuser. Früher Abend. Es ist schon dunkel. Sie geht auf eine Haustüre zu.	*Frau Christ T. geht mit dem Kinderwagen vom Szeneraum M zu Szeneraum R2. Sie geht bis zum Türrahmen.*
Neben dem prunkvollen Türrahmen ist die Hausglocke. Sie läutet – lange keine Reaktion. *(kurz innehalten)*	*Frau Christ T. drückt die Hausglocke am Türrahmen.*
Doch dann geht die Türe auf. Warmes Licht dringt durch den Hausflur nach draußen. Drinnen im hell erleuchteten Wohnzimmer steht ein Christbaum mit vielen Kerzen. Die Leute singen »O du fröhliche«.	*Mann tritt hinter dem Türrahmen auf.*
»Guten Abend, was kann ich für Sie tun?«, sagt der Mann an der offenen Türe.	*Mann staunt und wendet sich Frau Christ T. zu.*
Frau Christ deutet auf ihren Kinderwagen und sagt: »Hätten Sie einen Platz für Jesus? Können Sie ihn bei sich aufnehmen?«	*Frau Christ T. zeigt auf ihren Kinderwagen.*

Das ist aber eine ungewöhnliche Anfrage, heute, um diese Zeit!«

Mann zeigt sich noch mehr erstaunt.

Die zwei, die einen Vorhang halten, halten den Vorhang hoch, damit die Szene vor dem Türrahmen verdeckt ist. Der Mann tritt hinter dem Vorhang ab. Frau Christ T. mit dem Kinderwagen bleibt vor dem Vorhang und geht ein paar Schritte vom Türrahmen weg. Hinter dem Türrahmen werden ein Bistrotisch und zwei Hocker bereitgestellt. Die beiden Kinder setzen sich. Vater und Mutter stehen beim Tisch.

Lied

»Sage, wo ist Betlehem?« *(GfY 403; S. 149; Kinderchor singt)*

Der Vorhang wird wieder zur Seite gebracht. Der Szeneraum R2 mit dem Türrahmen ist wieder sichtbar.

Erzähler 1	Pantomime
Frau Christ träumt weiter.	*Frau Christ R. liegt weiterhin auf der Liege.*
Der Kleine schläft ruhig im Kinderwagen. Als sie in die nächste Straße einbiegt, bläst ihr der kalte Ostwind ins Gesicht. Sie sucht Schutz im Eingangsbereich eines Hochhauses.	*Frau Christ T. geht mit dem Kinderwagen in Richtung Türrahmen.* *Wegen der Kälte zieht sie ihre Mütze über die Stirn.* *Sie nähert sich dem Türrahmen.*
Sie staunt, denn die Türe ist offen. Sie geht in den Innenhof. Von der anderen Seite des Hofes hört sie Stimmen. Die Wohnungstür ist nur angelehnt. Ein Lichtstrahl dringt nach draußen. Sie geht näher hin.	*Frau Christ T. geht auf den Türrahmen zu, schaut hinein.*
Sie hört von drinnen, dass Kinder weinen und Erwachsene laut miteinander sprechen: »Das geht so nicht weiter! Du gibst das ganze Geld für Alkohol und Zigaretten aus. Da bleibt nichts mehr für die Kinder!«	*Frau Christ T. zeigt sich erstaunt.* *Die zwei Kinder weinen. Die Mutter gestikuliert wild und spricht auf den Vater ein.*

»Lass mich in Ruhe!«	*Der Vater macht eine wegwerfende Handbewegung.*
»Ich mach' das nicht mehr länger mit!«	*Die Mutter wendet sich vom Vater ab und dreht ihm den Rücken zu.*
Frau Christ klopft vorsichtig. Alle sind plötzlich still. Dann fragt sie: »Haben Sie vielleicht einen Platz für Jesus?«	*Frau Christ T. klopft an den Türrahmen. Vater, Mutter und die zwei Kinder zucken zusammen und schauen zu Frau Christ T.*

Die zwei, die einen Vorhang halten, halten den Vorhang hoch, damit die Szene vor dem Türrahmen verdeckt ist. Hinter dem Vorhang treten der Vater, die Mutter und die zwei Kinder ab. Die Requisiteure räumen den Bistrotisch und die Hocker weg und stellen zwei Reisekoffer auf. Der junge Mann und die junge Frau stehen bereit. Frau Christ T. mit dem Kinderwagen bleibt vor dem Vorhang und geht ein paar Schritte vom Türrahmen weg.

Lied

»Sage, wo ist Betlehem?« *(GfY 403; S. 149; Kinderchor singt)*

Erzähler 1	Pantomime
Frau Christ dreht sich um.	*Frau Christ R. dreht sich auf ihrer Liege.*
Ihr Traum ist noch nicht zu Ende. Sie schiebt den Kinderwagen weiter. Mühsam setzt sie ihre Schritte. Sie kommt am alten Bahnwärterhäuschen, gleich hinter der S-Bahn-Station, vorbei. Dort brennt Licht.	*Frau Christ T. geht mühsam mit dem Kinderwagen in Richtung Türrahmen.*
Sie geht hin und klingelt.	*Frau Christ T. geht zum Türrahmen und drückt die Glocke.*
Ein junger Mann öffnet. Seine Frau steht im Hausflur und zieht gerade ihre Jacke an. Daneben stehen zwei Reisekoffer.	*Der junge Mann tritt in den Türrahmen. Die junge Frau ist im Hintergrund, Jacke anziehend, die Reisekoffer daneben.*

»Guten Abend!«, sagt der Mann freundlich. Als er den Kinderwagen sieht, meint er: »Eigentlich habe ich mit einem größeren Taxi gerechnet. Wir wollen zum Flughafen. In der Nacht von Heiligabend sind die Flüge ja immer besonders günstig. Genau richtig für uns. Wir haben ja keine Kinder. Morgen um diese Zeit sind wir schon beim Tauchen auf den Malediven.«

Der junge Mann wendet sich Frau Christ T. zu. Er sieht den Kinderwagen und zeigt auf ihn. Dann Gesten des Gesprächs.

»Schön für Sie«, sagt Frau Christ, »übrigens, was ich Sie fragen wollte: Haben Sie noch einen Platz frei für Jesus?«

Frau Christ T. wendet sich dem jungen Mann zu.

Die zwei, die einen Vorhang halten, halten den Vorhang hoch, damit die Szene vor dem Türrahmen verdeckt ist. Hinter dem Vorhang treten der junge Mann und die junge Frau ab. Die zwei Reisekoffer werden weggebracht. Auch Frau Christ T. mit dem Kinderwagen tritt ab. Nur Frau Christ R. bleibt auf der Liege.

Lied

»Sage, wo ist Betlehem?« *(GfY 403; S. 149; Kinderchor singt)*

Erzähler 1	Pantomime
Plötzlich läutet der Wecker. Frau Christ wacht auf. Sie sucht nach der Taste, um den Wecker auszuschalten. Noch ganz schläfrig sagt sie vor sich hin: »Krippenplatz, Krippenplatz? Mir kommt es vor, als hätte ich heute Nacht für Jesus einen Krippenplatz gesucht.«	*Frau Christ R. wacht auf, tastend nach dem Wecker, dann setzt sie sich auf die Bettkante.*

Licht aus in Szeneraum R1 und R2. Frau Christ R. tritt ab. Nur Maria und Josef bleiben bei der Krippe.

Kurze Deutung zum Weihnachtsspiel

Weihnachten. Gott ist in Jesus ein Mensch geworden wie wir. Jesus hat einen Platz unter uns gefunden, vor 2000 Jahren in Betlehem, bei Maria und Josef.

Aber nicht nur damals. Weihnachten ist heute: Jesus sucht auch heute bei uns seinen

Krippenplatz. Jesus fragt jede und jeden von uns an: Darf ich bei dir wohnen? Hast du Platz für mich? Wo hast du deinen Platz für Gott?

Und, was denken Sie, was denkst du: Wo hat Jesus einen Platz gefunden?
- In dem Haus in der feinen Gegend, wo die Leute »O du fröhliche« singen?
- Bei der Familie, bei der sich die Eltern gerade streiten und die Kinder weinen?
- Bei dem Mann und der Frau, die keine Kinder haben und auf dem Weg zum Flughafen sind?

Überlege kurz für dich, wo er wohl einen Platz gefunden hat! *(kurz innehalten)*

Es mag vielleicht erstaunlich klingen: Aber Jesus hat bei allen dreien einen Platz bekommen. Die Botschaft von Weihnachten ist: dass Jesus bei uns allen einen Platz haben möchte. Und auch einen Platz bekommt. Das ist Weihnachten. In Jesus kommt Gott zu uns. Es ist an uns, ihm einen Platz zu geben! Und vielleicht hast du ja schon einen Platz für ihn?

Lied

»Sage, wo ist Betlehem?« *(GfY 403; S. 149; gemeinsam singen)*

Fürbitten

Guter Gott, du bist Mensch geworden für uns alle. Du wohnst unter uns, besonders dort, wo wir dir Platz und Raum geben: im Stall unseres Lebens.
Wir beten heute in verschiedenen Sprachen. Die zweite Fürbitte für die Menschen, die Weihnachten feiern, wird in französischer Sprache sein, die vierte Fürbitte für die Menschen, die leiden, wird auf Schwedisch gesprochen.
So beten wir aus ganzem Herzen zu dir:

1. Wir bitten dich für alle, die suchen: nach einem Platz, wo sie sein dürfen, nach einem Platz an der Seite anderer Menschen, nach einem Ort mit einem Dach über dem Kopf und dem Herzen.
   Alle: Wir bitten dich, erhöre uns.

2. *In französischer Sprache:*
   Nous te prions pour tous, qui célébrons la fête de Noël: pour les Luthériens et les Catholiques, pour les Orthodoxes et les autres, pour tous qui ont quitté les églises ou qui ne croient pas et pour tous qui n'ont rien à fêter dans leurs vies.

In deutscher Sprache:
Wir bitten dich für alle, die Weihnachten feiern: für Evangelische und Katholische, für Orthodoxe und andere, für Ausgetretene und Bekenntnislose und für alle, die im Leben nichts zu feiern haben.
Alle: Wir bitten dich, erhöre uns.

3. Wir bitten dich für alle, die fragen: nach dem, wo wir vor unserer Geburt waren und wohin wir nach unserem Tod gehen, nach dem Sinn unseres Lebens und wie Gott Mensch werden kann.
Alle: Wir bitten dich, erhöre uns.

4. *In schwedischer Sprache:*
Vi ber dig för alla, som lider: för att dem är sjuka eller känner sig ensamma, för att dem har skilts at som ovänner eller riskerar att brytas ner av sorger och problem.
In deutscher Sprache:
Wir bitten dich für alle, die leiden: weil sie krank sind oder sich alleine fühlen, weil sie zerstritten sind oder an schweren Sorgen und Problemen zu zerbrechen drohen.
Alle: Wir bitten dich, erhöre uns.

5. Wir bitten dich für alle, die teilen: die ihr Leben mit anderen teilen und das, was sie haben; die ihre Gedanken und Gefühle mitteilen und Anteil nehmen, und für die, die das Brot teilen, das von Gott spricht.
Alle: Wir bitten dich, erhöre uns.

Gott, unser Vater, du hast in Jesus Platz genommen unter uns. Du bist einer von uns geworden: damals, heute und morgen. Jesus ist unser Retter und Heiland. Wir loben und preisen dich, jetzt und in Ewigkeit. Amen.

Vaterunser

Segensgebet
GL 13,2

Lied
»Stille Nacht« *(GL 249/EG 46; gemeinsam singen)*

II.3 Wer schenkt wem was und wann?

Erich Hornstein

Entstehungshintergrund:
Mit Eröffnung der Christkindlmärkte Ende November/Anfang Dezember 2011 entwickelte sich in diesem Jahr der Glühwein zum trendigen Getränk. Es ist sogar Thema in der überregionalen Tagespresse. Deshalb findet der Großteil der Rahmenhandlung des Weihnachtsspiels als Gesprächsszenen an einem Glühweinstand statt.
Die Frage »Wer schenkt wem, was und wann?«, die den Titel des Weihnachtsspiels bildet, hat einen biografischen Hintergrund des Autors. Seine Kinder waren damals zehn und acht Jahre alt, er selbst hatte u. a. in Belgien studiert, und er und seine Familie haben Freunde in Spanien. Das Weihnachtsspiel ist infolge lebhafter Diskussionen über Weihnachtsgeschenke und wer sie eigentlich bringt, und was wir an Weihnachten feiern, am Esstisch zuhause entstanden.

Ziel des Weihnachtsspiels:
Nachdenken und Gespräche anregen zur Frage, weshalb wir uns an Weihnachten beschenken.

Vorbereitung

Vorlagen:

- *Liedblatt*
- *Plakat*

Rollen:

- *Frau Christ*
- *Herr Smeets*
- *Frau Gutiérrez*
- *drei »Interessierte«:*
  - *ein Schulkind mit Schulranzen*
  - *ein Mann mit Anzug*
  - *eine Frau mit Rucksack*
- *Josef*

- *Maria*
- *Wirt 1*
- *Wirt 2*
- *Hirte Simon*
- *zwei bis drei weitere Hirten*
- *drei bis fünf Schafe*
- *Verkündigungsengel*
- *drei bis fünf weitere Engel*
- *ein Requisiteur für Umbauten*

Beschreibung der Szeneräume:

- *Szeneraum M in der Mitte: Stall mit Krippe mit großem Vorhang abgedeckt*
- *Szeneraum links:*
  - *Szeneraum L1: bei Josef und Maria zuhause in Nazaret*
  - *Szeneraum L2: Hirtenfeld*
- *Szeneraum R rechts: Stehtisch eines Glühweinstandes*

Besondere Materialien:

- *für den Szeneraum R:*
  - *Stehtisch mit Glühweinbecher*
  - *zur Dekoration davor: »Geschenke«: leere Schachteln mit Weihnachtspapier verpackt*
  - *einige gefüllte, neutrale Einkaufstaschen*
- *für den Szeneraum L1: Holz, Säge und Sägebock, Kochtopf und Kochutensilien*
- *Stern mit Schweif, z. B. mit Beamer an Kirchenwand projizieren*
- *für die »drei Interessierten«:*
  - *drei Taschenlampen*
  - *ein Schulranzen mit einem Blatt Papier*
  - *ein Briefkuvert*
  - *gefüllter Rucksack*
- *Anzeigetafel mit zwei Kalenderblättern:*
  - *»Wir sind im Jahr 20…«*
  - *»Wir sind im Jahr 0«*

Beginn

adventliches Instrumentalstück
Oder: »Seht, es naht die heilige Zeit« *(TfG 483)*

Liturgische Eröffnung

Lied

»Der Weihnachtsstern, der weiß den Weg« *(T/M: Detlev Jöcker; CD 7; gemeinsam singen)*

Begrüßung und freies Gebet

Lied

»Weihnachtskerze, leuchte« *(T/M: Uwe Lal; S. 148; gemeinsam singen)*

Einführende Worte zum Weihnachtsspiel

Einige haben schon die Geschenke hier vorne *(auf Dekoration vor Szeneraum R verweisen)* entdeckt. Das hat mit unserem Weihnachtsspiel zu tun. Wir beschenken uns an Weihnachten. Wir tun das, weil Gott sich uns als Geschenk gegeben hat. Gott ist in Jesus Christus Mensch geworden. Dies feiern wir jetzt in dieser Stunde und darüber hinaus.

Weihnachtsspiel

Ausgangssituation wird vor Beginn des Gottesdienstes eingerichtet: Szeneraum M, Szeneraum R, Szeneräume L1 und L2

Licht an in Szeneraum R. Anzeigetafel zeigt das Kalenderblatt »Jahr 20…«. Frau Christ, Frau Gutiérrez, Herr Smeets, sowie die »drei Interessierten« stehen an der Seite bereit.

Erzähler 1	Pantomime
Frau Christ steigt aus der Straßenbahn aus. Sie ist in der Innenstadt, bei den vielen Geschäften, angekommen. Sie möchte noch die restlichen Weihnachtsgeschenke	*Frau Christ geht im Szeneraum R umher. Sie trägt eine volle Einkaufstasche mit sich. Gesten des Überlegens, Abwägens, Schauens.*

besorgen. Neue Socken für ihren Mann hat sie schon. Aber die Geschenke für ihre Tochter und ihren Neffen fehlen ihr noch. Sie haben spezielle Wünsche.

Das Gedränge in den Geschäften ist groß. Viele Menschen huschen von Regal zu Regal, von Geschäft zu Geschäft, um die hoffentlich richtigen Geschenke für ihre mehr oder weniger lieben Mitmenschen zu finden.

Die »drei Interessierten« gehen mit ihren Einkaufstaschen im Szeneraum R umher.

Endlich hat es Frau Christ geschafft. Sie hat alle Geschenke für Weihnachten. Bevor sie nach Hause fährt, gönnt sie sich eine kurze Verschnaufpause am Glühweinstand.

Am Bistrotisch des Glühweinstandes stehen Frau Gutiérrez und Herr Smeets. Frau Christ tritt hinzu.

Frau Christ denkt nach und sagt leise vor sich hin: »Es ist schön an Weihnachten jemanden zu beschenken und auch selbst Geschenke zu bekommen. Aber an Weihnachten geht es doch um viel mehr …«

Am Bistrotisch stehend zeigt sich Frau Christ nachdenklich, etwas selbstversunken.

»Da bin ich ganz Ihrer Meinung!«, sagt ein Mann, der neben ihr steht. »Ich bin Herr Smeets und komme aus Belgien. Bei uns in Belgien gibt es an Weihnachten nur kleine Geschenke. Die großen Geschenke gibt es bei uns zum Fest des heiligen Nikolaus am 6. Dezember. Und doch bin ich der Meinung, dass es das größte Geschenk für uns an Weihnachten gibt.«

Herr Smeets wendet sich an Frau Christ.

»Genau, so ist es!«, sagt Frau Gutiérrez, »ich komme aus Spanien. Wir beschenken uns erst zu *Heilige Dreikönige* am 6. Januar. Die Könige und ihre Kamele können noch so viele Geschenke herschleppen. Über das größte Geschenk freuen wir uns an Weihnachten!«

Frau Gutiérrez wendet sich an Herr Smeets und Frau Christ. Sie bringt sich südländisch gestikulierend ins Gespräch ein.
Die »drei Interessierten« stehen in der Nähe des Bistrotisches. Sie verfolgen das Gespräch am Bistrotisch.

Einige Leute haben das Gespräch der drei aufmerksam verfolgt. Sie schütteln ihre Köpfe. »Die einen beschenken sich an Weihnachten, die anderen nicht, und doch sprechen sie alle noch von einem anderen, vom größten Geschenk an Weihnachten. Versteht ihr das?«

Die »drei Interessierten« gesprächsgestikulierend und kopfschüttelnd.

Frau Christ, Herr Smeets und Frau Gutiérrez bemerken die fragenden Gesichter. »An Weihnachten geht es um das größte Geschenk, das wir Menschen bekommen können. Gott selber ist Mensch geworden. Er hat sich uns geschenkt. Er wurde einer von uns. Er hat selbst erfahren, was es heißt, Mensch zu sein. Sein Name ist Jesus.«

Frau Christ, Herr Smeets und Frau Gutiérrez wenden sich den »drei Interessierten« zu.

»Los, erzählt uns mehr von diesem Geschenk!

Die »drei Interessierten« mit Gesten der Aufforderung zum Erzählen.

Licht aus im Szeneraum R. Alle aus Szeneraum R treten ab. Bistrotisch bleibt stehen. Requisiteur dreht Kalenderblatt auf Anzeigetafel um auf »Jahr 0«.

Licht an in Szeneraum L1.
Es folgen die Szenen zur biblischen Weihnachtsgeschichte wie in II.1: S. 51 Mitte bis S. 59 Ende
Erzähler 2: Damals lebte Josef mit Maria, seiner Verlobten …

Lied

»Herbergssuche« *(T/M: Detlev Jöcker; CD 6; S. 146; Kinderchor singt)*

Wirt 1 tritt ab, Maria und Josef gehen ein paar Schritte weiter.
Erzähler 2: Bei vielen anderen Herbergen erging es Maria und Josef nicht anders …
Fortfahren wie in II.1

Lied

»Herbergssuche« *(T/M: Detlev Jöcker; CD 6; S. 146; Kinderchor singt)*

Wirt 2 bleibt stehen. Maria und Josef gehen einen Schritt weg.

Erzähler 2: Maria sagte zu Josef: »Ich spüre mein Kind …«
Fortfahren wie in II.1

Lied
»Jesus ist geboren« *(GfY 416/TfG 503; S. 145; Kinderchor singt)*

Licht aus in Szeneraum M. Hirten und Schafe machen sich bereit in Szeneraum L2. Dann Licht an in Szeneraum L2.
Erzähler 2: Auf den Feldern vor der Stadt waren Hirten mit ihren Schafen …
Fortfahren wie in II.1

Lied
»Wacht auf und schlaft nicht mehr« *(T/M: Detlev Jöcker; CD 6; Kinderchor singt)*

Nach dem Lied treten alle Engel wieder ab.
Erzähler 2: Als die Engel wieder weg waren, sagten die Hirten …
Fortfahren wie in II.1

Lied
»Stern über Betlehem, zeig uns den Weg« *(GfY 400/TfG 495; Kinderchor singt)*

Licht an in Szeneraum M. Hirten gehen auf den Stall in Szeneraum M zu.
Erzähler 2: Der Hirte Simon bemerkte: »Seht, der Stern …«
Fortfahren wie in II.1

Requisiteur dreht Kalenderblatt auf Anzeigetafel um auf »Jahr 20...« Frau Christ, Herr Smeets, Frau Gutiérrez und die »drei Interessierten« stehen wieder am Bistrotisch. Licht an in Szeneraum R.

Erzähler 1	Pantomime
Frau Christ, Herr Smeets und Frau Gutiérrez spüren, wie die anderen, die bei ihnen am Tisch stehen, beeindruckt sind von dem Erzählten.	*Die »drei Interessierten« schauen erstaunt zu den anderen am Bistrotisch.*

Frau Gutiérrez sagt: »Wir haben nichts anderes gemacht als die Hirten. Wir haben von dem großen Geschenk von Weihnachten, vom Kind in der Krippe, erzählt.«

Frau Gutiérrez wendet sich an die »drei Interessierten«.

Die drei Umstehenden bedanken sich herzlich bei Frau Christ, Herrn Smeets und Frau Gutiérrez: »Vielen Dank, dass Sie uns von dem größten Geschenk von Weihnachten erzählt haben! Gott ist uns in diesem Menschen Jesus also ganz nahe gekommen. Da müssen wir hin. Wir wollen mehr von ihm erfahren!«

Die »drei Interessierten« nicken bedankend.

Sie verabschieden sich freudig und gehen los.

Die »drei Interessierten« verabschieden sich per Handschlag.

Frau Christ, Herr Smeets und Frau Gutiérrez treten ab. Requisiteur räumt Bistrotisch weg. Die »drei Interessierten« entfernen sich wenige Schritte in Richtung Szeneraum M.

Die drei unterhalten sich unterwegs: »Wenn ich das richtig kapiert habe: Wir feiern an Weihnachten, dass Jesus geboren ist. Gott ist in Jesus Mensch geworden.«
»So habe ich das auch begriffen. Wir feiern also an Weihnachten sozusagen seinen Geburtstag.«

Die »drei Interessierten« bewegen sich langsam Richtung Szeneraum M, gesprächsgestikulierend.

»Dann sollten wir uns vielleicht Gedanken darüber machen, was wir ihm schenken.«
»Gar nicht so einfach: Was schenkt man dem Sohn Gottes, dem Heiland und Retter?«
»Ein besonders schwerer Fall!«
»Vielleicht schenken wir ihm einen Einkaufsgutschein. Da können wir nichts falsch machen und er kann sich einen Wunsch erfüllen.«
»So einen Schmarren! Wir fragen ihn einfach, was er sich wünscht!«

Die »drei Interessierten« bleiben stehen, Gesten der Unterhaltung.

Die drei sind lange unterwegs. Sie zweifeln langsam, ob sie ihn überhaupt finden können. Ihre Hoffnung schwindet. *(kurz innehalten)*

Die »drei Interessierten« gehen im Kirchenraum umher. Suchend leuchten sie mit ihren Taschenlampen unter den Anwesenden.

Sie haben längst umgedreht und sind auf dem Nachhauseweg. Durchgefroren, zitternd.

Sie drehen um und gehen Richtung Szeneraum M.

Doch dann, unscheinbar am Wegrand, ganz nah bei ihrem Zuhause: Sie entdecken ihn.

Sie sind in Szeneraum M bei der Krippe angekommen. Licht an in Szeneraum M.

Sie trauen ihren Augen nicht. Doch sie spüren: Er ist es. Gebannt schauen sie auf ihn. Sie staunen und staunen, eine ganze Weile lang. *(kurz innehalten)*
Endlich sagt einer von ihnen: »Eigentlich wollten wir dir ein Geschenk mitbringen. Aber uns ist nichts Vernünftiges eingefallen, was man einem wie dir, schenkt. Darum fragen wir dich einfach, was du dir wünschst!«

Zwei stehen auf der einen, einer auf der andren Seite der Krippe.
Sie beugen sich leicht nach vorne und schauen gespannt in die Krippe.

»Was? Meine letzte Schulaufgabe in HSU *(=Heimat-und Sachkunde-Unterricht/oder anderes Schulfach nennen!)*? Du wünschst dir meine letzte HSU-Schulaufgabe? Die haben meine Eltern noch gar nicht gesehen. Und außerdem steht da »mangelhaft« darauf. Ach so, du willst sie trotzdem? Du willst sie gerade deshalb.

Schulkind lauscht und zeigt sich erstaunt.

Dieses Blatt gebe ich gerne ab. Hier, bitte schön!«

Schulkind nimmt den Schulranzen vom Rücken, öffnet ihn, nimmt das Blatt heraus und legt es zum Jesuskind in die Krippe. Schulkind bleibt stehen.

Lied

»Sage, wo ist Betlehem?« *(GfY 403, 1. Strophe; S. 149; Kinderchor singt)*

Erzähler 1

»Und was wünschst du dir von mir? Den letzten Brief an meine Frau? Den habe aber nicht ich, sondern mein Anwalt formuliert. Ich sollte ihn noch unterschreiben und absenden, sagte mein Anwalt.

Ich soll ihn nicht wegschicken und dir schenken, und meiner Frau Zeit geben? Wenn du meinst, ich verlass mich auf dich!«

Pantomime

Mann geht näher zur Krippe.

Mann zeigt sich sehr erstaunt. Er nimmt den Brief aus der Innentasche seines Sakkos hervor. Er legt ihn in die Krippe. Mann bleibt stehen.

Lied

»Sage, wo ist Betlehem?« *(GfY 403, 2. Strophe; S. 149; Kinderchor singt)*

Erzähler 1

»Ich bin nur froh, dass ich den Weg zu dir geschafft habe. Was? Du möchtest meinen Rucksack haben? Der ist aber voller schwerer Gedanken und großer Sorgen, die ich schon lange mit mir herumtrage.

Du willst diesen Rucksack mit all dem, was darin ist, haben? Wirklich? Danke!«

Pantomime

Frau geht näher zur Krippe.

Frau zeigt sich sehr erstaunt. Sie nimmt den Rucksack vom Rücken und stellt ihn vor der Krippe ab.

Lied

»Sage, wo ist Betlehem?« *(GfY 403, 3. Strophe; S. 149; Kinderchor singt)*

Erzähler 1

»Es sind ganz andere Geschenke geworden, wie wir uns vorgestellt haben. Und wir spüren, dass wir beschenkt worden sind. Wir haben nun verstanden, was Frau Christ, Herr Smeets und Frau Gutiérrez gesagt haben: Dieser Gott, dieser Jesus, er ist für uns zum größten Geschenk geworden.«

Pantomime

Die »drei Interessierten« wenden sich allen Anwesenden in der Kirche zu.

Alle Darsteller gehen nach vorne zur Krippe.

Lied

»Sage, wo ist Betlehem« *(GfY 403; S. 149; gemeinsam singen)*

Alle Darsteller treten ab, nur Maria und Josef bleiben bei der Krippe.

Fürbitten

Guter Gott, du hast uns reich beschenkt. Du bist zu uns in unsere Welt gekommen. Du bist Mensch geworden im neugeborenen Kind im Stall von Betlehem. Dadurch bist du uns nahe gekommen. Du kennst uns, du weißt um uns, du kennst unsere Sorgen. Du willst, dass uns unser Leben gelingt.

Wir beten heute in verschiedenen Sprachen. Die zweite Fürbitte für die Menschen dieser Erde wird auf italienisch gesprochen, die vierte Fürbitte für den Frieden ist in polnischer Sprache.

So beten wir aus ganzem Herzen zu dir:

1. Wir bitten dich für alle, die Weihnachten feiern: für Evangelische und Katholische, für Orthodoxe und andere, für Ausgetretene und Bekenntnislose.
   Alle: Wir bitten dich, erhöre uns.

2. *In italienischer Sprache:*
   Ti preghiamo Signore per tutta la gente del mondo: per i grandi e per i piccoli, per gli anziani e per i giovani, per le persone di colore e per i bianchi.
   In deutscher Sprache:
   Wir bitten dich für alle Menschen dieser Erde: für Große und Kleine, für Alte und Junge, für Schwarze und Weiße.
   Alle: Wir bitten dich, erhöre uns.

3. Wir bitten dich für alle Familien: für Eltern und Kinder, für Klein- und Großfamilien, für Patchwork- und klassische Familien, für Ordensfamilien und für alle, die unter einem Dach leben.
   Alle: Wir bitten dich, erhöre uns.

4. *In polnischer Sprache:*
   Módlmy się za wszystkich, którzy działają na rzecz pokoju: pokoju między na-

rodami i grupami językowymi, między bogatymi i biednymi, między silnymi i słabymi.

In deutscher Sprache:

Wir bitten dich für alle, die sich für Frieden einsetzen: zwischen Völkern und Sprachgruppen, zwischen Reichen und Armen, zwischen Starken und Schwachen.

Alle: Wir bitten dich, erhöre uns.

5. Wir bitten dich für alle, die alleine sind und die sich alleine fühlen: in ihrem Leben, in ihrer Krankheit, in ihren Sorgen und Problemen.
   Alle: Wir bitten dich, erhöre uns.

Gott, unser Vater, du hast uns mit dem neugeborenen Kind Jesus reich beschenkt. Jesus ist Gott und zugleich einer von uns, damals, heute und morgen. Er ist unser Retter und Heiland. Wir loben und preisen dich, jetzt und in Ewigkeit. Amen.

Vaterunser

Segensgebet

GL 13,3

Lied

»Stille Nacht« *(GL 249/EG 46; gemeinsam singen)*

II.4 Woher das Licht kommt

Erich Hornstein

Entstehungshintergrund:
Im November und Dezember 2010 wurden in München auffallend viele neue Christbaumverkaufsstellen eingerichtet. Bald auf jedem kleineren Stadtplatz wurden Christbäume verkauft. So entstand die Idee, etwas mit dem »Christbaum« zu machen. Kurz darauf stellte ein Erstkommunionkind die Frage: »Warum werden am Christbaum eigentlich Kerzen angezündet?« Das Weihnachtsspiel soll eine Antwort auf diese Frage geben.

Ziel des Weihnachtsspiels:
Entdecken, dass die Kerzen am Christbaum eine Bedeutung haben, und glaubend erspüren, dass das Licht der Welt vom neugeborenen Kind Jesus, vom menschgewordenen Gott, herrührt.

Vorbereitung

Vorlage:
- *Liedblatt*

Rollen:
- *Mutter von Ahmed*
- *zwei Christbaumträger*
- *Frau Christ*
- *Josef*
- *Maria*
- *Wirt 1*
- *Wirt 2*
- *Hirte Simon*
- *zwei bis drei weitere »Hirten damals«*
- *drei bis fünf Schafe*
- *Verkündigungsengel*
- *drei bis fünf weitere Engel*
- *Schülerin*
- *Mann*

- *Fußballspieler*
- *drei »Hirten heute«*
- *ein Requisiteur für Umbauten*

Beschreibung der Szeneräume:
- *Szeneraum M in der Mitte: Stall mit Krippe mit großem Vorhang abgedeckt*
- *Szeneraum links*
  - *Szeneraum L1: bei Josef und Maria zuhause in Nazaret*
  - *Szeneraum L2: Hirtenfeld*
- *Szeneraum R rechts: freie Fläche für »Szenen heute«*

Besondere Materialien:
- *für den Szeneraum L1: Holz, Säge und Sägebock, Kochtopf und Kochutensilien*
- *für den Szeneraum R: zwei kleine Christbäume, die Kinder tragen oder ziehen können; zwei Einkaufskörbe; großer Schulranzen*
- *Stern mit Schweif, z. B. mit Beamer an Kirchenwand projizieren*
- *Anzeigetafel mit zwei Kalenderblättern:*
  - *»Wir sind im Jahr 20…«*
  - *»Wir sind im Jahr 0«*
- *vor der Anzeigetafel: eine Sandschale mit sechs Kerzen, davon sind drei angezündet*
- *die drei »Hirten heute« sind nicht als Hirten mit Hut und Stock erkennbar. Sie tragen normale Alltagskleidung, z. B. wie in der Schule.*

Beginn
adventliches Instrumentalstück
Oder: »Macht hoch die Tür« *(GL 218/EG 1; gemeinsam singen)*

Liturgische Eröffnung

Lied
»Weihnachtskerze, leuchte« *(T/M: Uwe Lal; S. 148; gemeinsam singen)*

Begrüßung und freies Gebet

Lied
»Jesus ist geboren« *(GfY 416, nur 2. Strophe; S. 145; gemeinsam singen)*

Einführende Worte zum Weihnachtsspiel

Weihnachtsspiel

Ausgangssituation wird vor Beginn des Gottesdienstes eingerichtet:
Szeneraum M, Szeneraum R, Szeneräume L1 und L2

Licht an in Szeneraum R. Zwei Christbäume stehen angelehnt im Szeneraum R. Anzeigetafel zeigt das Kalenderblatt »Jahr 20…« Die Mutter von Ahmed tritt auf. Die zwei Christbaumträger und Frau Christ stehen an der Seite bereit.

Erzähler 1	Pantomime
Die Mutter von Ahmed ist erst vor Kurzem mit ihrer Familie nach Deutschland gezogen. Vieles ist für sie noch neu. So wundert sie sich, dass im Dezember an vielen Plätzen in der Stadt Christbäume verkauft werden.	*Die Mutter von Ahmed geht mit ihrem Einkaufskorb im Szeneraum R umher. Sie geht an den beiden Christbäumen vorbei.*
Sobald die Menschen die Tannenbäume gekauft haben, schleppen sie sie nach Hause. Manche transportieren sie auch auf ihrem Autodach. Das sieht irgendwie lustig aus. Und dann verschwinden die Bäume in den Häusern und Wohnungen. Ein seltsamer Brauch. Sie denkt sich: Das muss irgendwie etwas mit diesem Fest Weihnachten zu tun haben.	*Die zwei Christbaumträger treten auf, betrachten die Christbäume und tragen sie anschließend durch den Szeneraum R.* *Die zwei Christbaumträger treten ab.*
Beim Einkaufen trifft sie Frau Christ. Sie hatte neulich ihren Mann und ihren Sohn gesehen, wie sie einen riesigen Tannenbaum ins Haus zerrten. Frau Christ muss es wissen.	*Frau Christ tritt mit ihrem Einkaufskorb auf.*
Sie nimmt ihren Mut zusammen und fragt sie: »Das mit dem Tannenbaum hat doch etwas mit eurem Fest Weihnachten zu tun, oder?«	*Die Mutter von Ahmed nähert sich vorsichtig Frau Christ.* *Die beiden Frauen unterhalten sich.* *Gesten des Gesprächs.*

»Ja, genau!«, antwortet Frau Christ.
»Aber, was feiert ihr eigentlich, wenn bei euch Weihnachten ist?«
»Wir feiern, dass in dieser Nacht Jesus geboren wurde. Wir glauben, dass Jesus Licht in unser Leben bringt. Auch heute. Deshalb zünden wir an Weihnachten am Christbaum viele Kerzen an. Ich kann Ihnen gerne erzählen, was uns Menschen über die Geburt Jesu, vor ungefähr 2000 Jahren, aufgeschrieben haben und welche Gedanken sie sich darüber machen.«
»Ja, das interessiert mich!«
Frau Christ beginnt zu erzählen.

Licht aus im Szeneraum R. Frau Christ und die Mutter von Ahmed treten ab. Requisiteur dreht Kalenderblatt auf Anzeigetafel um auf »Jahr 0«.

Licht an in Szeneraum L1.
Es folgen die Szenen zur biblischen Weihnachtsgeschichte wie in II.1: S. 51 bis S. 56
Erzähler 2: Damals lebte Josef mit Maria, seiner Verlobten …

Lied
»Herbergssuche« *(T/M: Detlev Jöcker; CD 6; S. 146; Kinderchor singt)*

Wirt 1 tritt ab, Maria und Josef gehen ein paar Schritte weiter.
Erzähler 2: Bei vielen anderen Herbergen erging es Maria und Josef nicht anders …
Fortfahren wie in II.1

Lied
»Herbergssuche« *(T/M: Detlev Jöcker; CD 6; S. 146; Kinderchor singt)*

Wirt 2 bleibt stehen. Maria und Josef gehen einen Schritt weg.
Erzähler 2: Maria sagte zu Josef: »Ich spüre mein Kind …«
Fortfahren wie in II.1

Lied
»Jesus ist geboren« *(GfY 416/TfG 503; S. 145; Kinderchor singt)*

Licht aus in Szeneraum M. Hirten und Schafe machen sich bereit in Szeneraum L2. Dann Licht an in Szeneraum L2.
Erzähler 2: Auf den Feldern vor der Stadt waren Hirten mit ihren Schafen …
Fortfahren wie in II.1

Lied
»Wacht auf und schlaft nicht mehr« *(T/M: Detlev Jöcker; CD 6; Kinderchor singt)*

Nach dem Lied treten alle Engel wieder ab.
Erzähler 2: Als die Engel wieder weg waren, sagten die Hirten zueinander: …
Fortfahren wie in II.1

Lied
»Stern über Betlehem, zeig uns den Weg« *(GfY 400/TfG 495; Kinderchor singt)*

Licht an in Szeneraum M. Hirten gehen auf den Stall in Szeneraum M zu.
Erzähler 2: Der Hirte Simon bemerkte: »Seht, der Stern …«
Fortfahren wie in II.1

Requisiteur dreht Kalenderblatt auf Anzeigetafel um auf »Jahr 20...« Frau Christ und die Mutter von Ahmed stehen im Szeneraum R. Licht an in Szeneraum R.

Erzähler 1	Pantomime
»So wurde es uns erzählt, was vor 2000 Jahren geschah.« »Vielen Dank, Frau Christ, dass Sie mir das erzählt haben.« »Aber damit ist noch nicht Schluss! Weihnachten feiern heißt nicht, sich nur an ein Ereignis vor 2000 Jahren zu erinnern. Das ist zu wenig! Weihnachten kann jeden Tag geschehen, auch heute!« »Können Sie mir das erklären?«, fragt die Mutter von Ahmed. »Gerne«, sagt Frau Christ, »ich werde es versuchen. Die Hirten, das sind Menschen, die	*Frau Christ und die Mutter von Ahmed sind sich zugewandt. Gesten des Gesprächs.*

vom Kind in der Krippe erzählen. Das kann jeden Tag passieren.«
»Erzählen Sie, Frau Christ!«

Die Hirten sind auch in den Straßen unserer Stadt unterwegs. Sie treffen unterschiedliche Menschen, denen sie vom Kind im Stall erzählen wollen:

Frau Christ und die Mutter von Ahmed bleiben im Szeneraum R noch kurz stehen. »Hirten heute« treten auf und gehen suchend vom Mittelgang der Kirche in Szeneraum R. Frau Christ und die Mutter von Ahmed ziehen sich zurück.

Sie treffen eine Schülerin. Ihr Schulranzen scheint schwer zu sein. Die Hirten sprechen sie an: »Wir haben dir etwas sehr Wichtiges zu sagen! Es geht nämlich um das Gotteskind im Stall!«
Die Schülerin antwortet verärgert: »Was? Schon wieder was lernen! Hört auf! Ihr wisst ja gar nicht, wie viele Schulaufgaben wir in den letzten Wochen geschrieben haben. Immer nur lernen. Immer nur Leistung bringen müssen. Lasst mich einfach in Ruhe!«

Schülerin mit großem Schulranzen tritt auf. Sie geht an den »Hirten heute« vorbei, wird dabei angesprochen. Gesten des Gesprächs.

Die Schülerin geht weiter.

Die Hirten ziehen erstaunt weiter und sehen auf der anderen Straßenseite einen Mann, der gerade einen Christbaum durch die Haustür zwängt.

Die »Hirten heute« gehen ein paar Schritte zur Seite, bleiben aber im Szeneraum R.
Mann tritt auf. Er zerrt an seinem Christbaum.

»Grüß Gott«, sagen die Hirten, »wir haben da eine wichtige Information für Sie, die Ihnen in Ihrem Leben weiterhelfen kann.«
»Diese Information wird mir wohl nicht helfen den Baum ins Haus zu bringen. Ich habe nicht mehr viel Zeit. In zwei Stunden ist Bescherung. Einmal wollte ich mir noch so einen Baum leisten. Am 31.12. läuft nämlich mein Arbeitsvertrag aus und ich habe im neuen Jahr keine Arbeit mehr. Keine Arbeit, kein Geld, kein Zuhause. So ist das bei mir.

»Hirten heute« sprechen Mann an. Mann dreht sich erstaunt um. Gesten des Gesprächs. Mann ist leicht verärgert.

Sie verstehen, dass mich Ihre Informationen nicht interessieren.«

Mann wendet sich wieder seinem Christbaum zu.

Die Hirten gehen weiter. Gleich nebenan ist das Fußballstadion. Es liegt im Dunkeln. Nur im Eingangsbereich ist ein kleines Licht: die Beleuchtung des Notausgangs. Die Hirten sagen zu sich: »Da sitzt doch jemand? In der vordersten Reihe im Halbdunkeln.« Tatsächlich! Ein Mann im Fußballtrikot.

Die »Hirten heute« gehen ein paar Schritte in den hinteren Bereich des Szeneraum R. Dort ist es halbdunkel. Dort sitzt der Fußballspieler. »Hirten heute« zeigen auf Fußballspieler.

Er ist traurig und allein. Er zittert vor Kälte. »Wir hätten da etwas für Sie, für Sie ganz persönlich!«, eröffnen die Hirten das Gespräch. Der Mann erwidert: »Für mich? Das kann nicht sein! Ich tauge doch zu nichts mehr! Ich komme in dieser Welt überhaupt nicht mehr vor.«
»Aber genau deshalb sprechen wir Sie an. Sie kommen nämlich bei uns vor, genauer gesagt, bei Gott, den wir gesehen haben dort im Stall.«

»Hirten heute« gehen auf Fußballspieler zu. Gesten des Gesprächs.

»Ihr seid ja wirklich ein fröhlicher Verein! Bei Gott komme ich vor? Ich bin alleine. Früher, als ich viele Tore für meinen Fußballverein geschossen habe, da haben mich alle bewundert. Da hatte ich viele Fans.

Fußballspieler macht eine wegwerfende Handbewegung. Er sitzt in sich versunken da.

Dann kam meine schwere Knieverletzung. Mein Trainer wollte mich nicht mehr haben. Plötzlich war es vorbei mit der Bewunderung und den vielen Fans. Sie hatten nur meine Leistung bewundert. Wie es mir persönlich ging, war ihnen egal. Es wurde sehr schnell einsam um mich.

Fußballspieler zeigt auf sein Knie.

Nun bin ich allein. Mir fehlen ja schon Menschen, die mir nahe sind. Wie sollte mir da Gott nahe sein?

Fußballspieler wischt sich Tränen aus den Augen. Er sitzt versunken da.

Gehen Sie weiter! Gegen meine Einsamkeit ist kein Kraut gewachsen. Ich sitze hier im Fußballstadion, weil in meiner Wohnung nur eine dunkle Nacht auf mich wartet.«	*Fußballspieler macht Handbewegung des Wegschickens.*
Entmutigt gehen die Hirten weiter. »Irgendetwas machen wir falsch«, sagen sie sich zueinander und sie überlegen, was sie anders machen können. Sie denken darüber nach, wie sie vom Kind im Stall erfahren haben.	*»Hirten heute« sind einander zugewandt. Gesten des Gesprächs.*

»Hirten heute« bleiben in Szeneraum R stehen. Licht aus in Szeneraum R. Requisiteur dreht Kalenderblatt auf Anzeigetafel um auf »Jahr 0«. Hirte Simon steht auf. Licht an in Szeneraum L2.

Erzähler 2	Pantomime
Der Engel hat uns erst einmal die Angst genommen. Und dann hat er uns erklärt, wo Gott für uns zu finden ist. Und wisst ihr, warum der Engel gerade bei uns angefangen hat? Weil er wusste, wie müde wir vom Leben waren, was wir für große Sorgen hatten und wie einsam wir uns als Hirten fühlten.	*Hirte Simon steht nachdenkend im Szeneraum L2.*
Der Engel machte uns auf den hell leuchtenden Stern aufmerksam. Er hat uns das Licht gezeigt und wir entdeckten für uns den Weg aus der Dunkelheit, den Weg zum Kind im Stall.	*Hirte Simon zeigt mit dem ausgestreckten linken Arm zum Stern empor.*

Licht aus in Szeneraum L2. Hirte Simon setzt sich wieder. Requisiteur dreht Kalenderblatt auf Anzeigetafel um auf »Jahr 20…«. Licht an in Szeneraum R.

Erzähler 1	Pantomime
Lasst uns nochmals zu den Leuten gehen, die wir heute getroffen haben und wir nehmen unsere Lichter mit. Die Hirten ziehen freudig los.	*»Hirten heute« nehmen aus der Sandschale vor der Anzeigetafel jeweils eine brennende und eine nicht brennende Kerze. Sie gehen ein paar Schritte im Szeneraum R umher.*

Kurz darauf treffen sie die Schülerin, die noch immer ihren schweren Schulranzen schleppt.	*Schülerin tritt wieder auf. »Hirten heute« begegnen der Schülerin.*
Die Schülerin raunzt: »Ihr schon wieder! Ich hab doch schon gesagt, ich will heute nichts mehr lernen!«	*Schülerin macht wegwerfende Handbewegung.*
Die Hirten erwidern: »Wir wollten dich eigentlich nur fragen, ob du uns helfen kannst, das Licht zu tragen!« Das Mädchen freut sich, legt ihren Schulranzen ab und hilft den Hirten das Licht zu tragen.	*Ein »Hirte heute« zündet die Kerze, die noch nicht brennt, an der brennenden Kerze an und reicht sie der Schülerin. Schülerin nimmt die brennende Kerze entgegen.*

»Hirten heute« und Schülerin bleiben in Szeneraum R stehen, während der Kinderchor ein Lied singt.

Lied

»Tragt in die Welt nun ein Licht« *(KiGoLo 202, 1. Strophe; Kinderchor singt)*

»Hirten heute« und Schülerin gehen ein paar Schritte weiter.

Erzähler 1	Pantomime
Sie überqueren die Straße und begegnen dem Mann, der sich noch immer mit seinem Baum quält. Er schwitzt und flucht vor sich hin.	*»Hirten heute« und Schülerin gehen umher. Sie begegnen dem Mann, der noch immer mit seinem Christbaum kämpft.*
Die Hirten sagen zu ihm: »Lassen Sie den Baum liegen, wie er liegt. Können Sie uns helfen, das Licht zu tragen?« Der Mann staunt und freut sich.	*Ein »Hirte heute« tippt dem Mann auf die Schulter. Der Mann dreht sich erstaunt um.*
»Gerne«, sagt er, »wenn ich euch damit eine Freude machen kann!« »Es geht noch um eine viel größere Freude als unsere Freude. Es geht uns um Ihre Freude am Leben.« »Das verstehe ich jetzt noch nicht, aber ich komme mit!«	*Ein »Hirte heute« zündet die Kerze, die noch nicht brennt, an der brennenden Kerze an und reicht sie dem Mann.*

»Hirten heute«, Schülerin und Mann bleiben im Szeneraum R stehen, während der Kinderchor ein Lied singt.

Lied

»Tragt in die Welt nun ein Licht« *(KiGoLo 202, 2. Strophe; Kinderchor singt)*

»Hirten heute«, Schülerin und Mann gehen ein paar Schritte weiter zum hinteren Bereich des Szeneraums R.

Erzähler 1	Pantomime
Zwei Straßenzüge weiter kommen sie am Fußballstadion vorbei, wo der frühere Spieler noch immer sitzt. Er sieht, wie die Hirten mit dem Mädchen und dem Mann auf ihn zukommen.	*Fußballspieler sitzt an seinem Platz im hinteren Bereich des Szeneraums R. »Hirten heute«, Schülerin und Mann gehen auf ihn zu.*
Sein Gesicht leuchtet auf, als er das Licht sieht. »Wir bringen Ihnen Licht mit.« Der Mann freut sich, wie er sich schon seit Langem nicht mehr freute.	*Fußballspieler streckt sich aus seiner geduckten Haltung und freut sich sichtlich.*
»Helfen Sie uns, das Licht zu tragen?« »Gerne«, sagt der Fußballer und geht mit den anderen mit.	*Der dritte »Hirte heute« zündet die Kerze, die noch nicht brennt, an der brennenden Kerze an und reicht sie dem Fußballspieler.* *Fußballspieler steht dazu auf.*

»Hirten heute«, Schülerin, Mann und Fußballspieler bleiben in Szeneraum R stehen, während der Kinderchor ein Lied singt.

Lied

»Tragt in die Welt nun ein Licht« *(KiGoLo 2012, 3. Strophe; Kinderchor singt)*

Erzähler 1	Pantomime
Gemeinsam ziehen sie zum Stall, wo das Kind in der Krippe liegt. Die Hirten sagen zu den anderen, die mitgekommen sind: »Wir wollten euch zeigen, woher das Licht kommt.«	*Alle sechs Darsteller gehen zum Stall. Sie drehen sich zu den Anwesenden in der Kirche. Die »Hirten heute« zeigen mit der Hand auf die Krippe.*

Lied

»Lasst das Lied der Liebe weiterklingen« *(T/M: Detlev Jöcker; CD 1 + 3; gemeinsam singen) oder* »Lasst uns tanzen und auch singen« (S. 150)

Alle Darsteller treten ab, nur Maria und Josef bleiben bei der Krippe.

Fürbitten

Die Hirten haben uns zur Krippe geführt. Sie zeigen uns, woher das Licht kommt. Das Licht ist Jesus Christus selbst, das neugeborene Kind im Stall. Wir sind aufgerufen, selbst Hirten zu sein und Licht in unsere Welt hineinzutragen.
Lasst uns aus ganzem Herzen zu Gott beten:

1. Tragt in die Welt nun ein Licht: Lass alle Menschen dieser Erde in ihrem Dunkel das wahre Licht für ihr Leben finden.
   Alle: Wir bitten dich, erhöre uns.

2. Tragt zu den Kranken ein Licht: Schenke allen, die einsam, traurig oder krank sind, deine Nähe und deinen Trost.
   Alle: Wir bitten dich, erhöre uns.

3. Tragt zu den Kindern ein Licht: Hilf allen Kindern dieser Erde, die hungrig sind und nicht genug zu essen haben.
   Alle: Wir bitten dich, erhöre uns.

4. Tragt zu den Großen ein Licht: Lenke Geist und Herz der Menschen, die Macht haben und Verantwortung tragen, dass sie sich für Frieden zwischen den Menschen und den Völkern einsetzen.
   Alle: Wir bitten dich, erhöre uns.

5. Tragt zueinander ein Licht: Segne unsere Familien, alle Menschen, die uns nahestehen und uns wichtig sind. Segne die Menschen, mit denen wir uns schwertun.
   Alle: Wir bitten dich, erhöre uns.

Gott, unser Vater, du hast uns Jesus als den Retter der Welt gesandt. Er ist das Licht der Welt. Dich loben und preisen wir, jetzt und in Ewigkeit. Amen.

Vaterunser

Segensgebet

Gott lasse dich ein gesegnetes Weihnachtsfest erleben.

Gott schenke dir die nötige Ruhe, damit du dich auf Weihnachten und die Frohe Botschaft einlassen kannst.

Gott nehme dir Sorgen und Angst
und schenke dir neue Hoffnung.

Gott bereite dir den Raum, den du brauchst
und an dem du so sein kannst, wie du bist.

Gott schenke dir die Fähigkeit zum Staunen
über das Wunder der Geburt im Stall von Betlehem.

Gott mache heil, was du zerbrochen hast,
und führe dich zur Versöhnung.

Gott gebe dir Entschlossenheit, Fantasie und Mut,
damit du auch anderen Weihnachten bereiten kannst.

Gott bleibe bei dir mit dem Licht der Heiligen Nacht,
wenn dunkle Tage kommen.

Gott segne dich und schenke dir seinen Frieden.

Irisches Segensgebet

Lied

»Stille Nacht« (GL 249/EG 46; gemeinsam singen)

II.5 Euch ist heute der Heiland geboren

Erich Hornstein

Entstehungshintergrund:
Die Idee zur Rahmenhandlung ist infolge eines Gesprächs mit Erwachsenen entstanden. Die in diesem Gespräch geäußerten Fragen und Zweifel hinsichtlich der biblischen Überlieferung zur Geburt Jesu sind in den Text der Rahmenhandlung eingeflossen. Jemand, der Fragen und Zweifel zulässt und diese bearbeitet, kann zu einer gereiften Meinung und Einstellung gelangen. Wie es sich am Ende des Weihnachtsspiels zeigt, ist eine solche Person fähig, Zeugnis für seinen Glauben abzulegen.

Ziel des Weihnachtsspiels:
Erkennen, dass die Beschäftigung mit Fragen und Zweifeln förderlich ist, um zu einer eigenen Einstellung zum Glauben zu gelangen. Das Weihnachtsspiel will einen Beitrag dazu leisten, sich der Frage zu stellen: Wer ist dieses neugeborene Kind Jesus für mich?

Vorbereitung

Rollen:
- *Vater*
- *Sohn*
- *Josef*
- *Maria*
- *Wirt 1*
- *Wirt 2*
- *Wirt 3*
- *Hirte Simon*
- *zwei bis drei weitere Hirten*
- *drei bis fünf Schafe*
- *Verkündigungsengel*
- *drei bis fünf weitere Engel*
- *Frau*
- *Ochse*

- *Esel*
- *König Herodes*
- *zwei Requisiteure für Umbauten*

Beschreibung der Szeneräume:

- *Szeneraum M in der Mitte: Stall mit Krippe mit großen Vorhang abgedeckt*
- *Szeneraum links:*
  - *Szeneraum L1: bei Josef und Maria zuhause in Nazaret*
  - *Szeneraum L2: Hirtenfeld*
- *Szeneraum R rechts: freie Fläche für die Szenen der Rahmenhandlung*

Besondere Materialien:

- *für den Szeneraum R: Wohnzimmersessel für Vater, Atlas oder Landkarte östlicher Mittelmeerraum, Krone und Umhang für König Herodes*
- *für den Szeneraum L1: Holz, Säge und Sägebock, Kochtopf und Kochutensilien*
- *für den Szeneraum M: eine einfache Verkleidung für »Ochs« und »Esel«*
- *Stern mit Schweif, z. B. mit Beamer an Kirchenwand projizieren*

Beginn

adventliches Instrumentalstück
Oder: »O Heiland, reiß die Himmel auf« *(GL 231/EG 7; gemeinsam singen)*

Liturgische Eröffnung

Lied

»Der Weihnachtsstern, der weiß den Weg« *(T/M: Detlev Jöcker; CD 7; gemeinsam singen)*

Begrüßung und freies Gebet

Lied

»Jesus ist geboren« *(GfY 416/TfG 503; S. 145; nur 2. Strophe gemeinsam singen)*

Einführende Worte zum Weihnachtsspiel

Weihnachtsspiel

Ausgangssituation wird vor Beginn des Gottesdienstes eingerichtet:
Szeneraum M, Szeneräume L1 und L2, Szeneraum R mit Wohnzimmersessel

Licht an in Szeneraum R. Vater sitzt im Wohnzimmersessel. Er hat Atlas bzw. Landkarte in der Hand. Sohn steht an der Seite bereit.

Erzähler 1	Pantomime
Ein Junge geht zu seinem Vater. Er fragt ihn: »Wieso feiern wir eigentlich Weihnachten? Ich habe gehört, dass an Weihnachten Jesus geboren sein soll und dass wir seinen Geburtstag feiern. Stimmt das?« Sein Vater antwortete: »Ja, das ist richtig. Soll ich dir erzählen, was uns Menschen über die Geburt Jesu aufgeschrieben haben und welche Gedanken sie sich darüber machen?« »Ja, gerne. Ich bin ganz gespannt, was du mir erzählst.«	*Der Sohn geht zu seinem Vater, der im Wohnzimmersessel sitzt. Sohn bleibt neben Sessel stehen.* *Gesten des Gesprächs.*
Sein Vater beginnt zu erzählen: »Stell dir das Land Palästina vor, am östlichen Rand des Mittelmeeres. Vor rund 2000 Jahren war dieses Land ein Gebiet in der Provinz Syrien. Es war ein Teil des riesigen Römischen Reiches, das den ganzen Mittelmeerraum umfasste. Der Herrscher dieses Römischen Reiches war damals Kaiser Augustus. Er erhob von seinen Bürgern Steuern, um die großen Ausgaben für sein Reich erbringen zu können. Damit er überhaupt wusste, wie viele Menschen in seinem Reich wohnen und wie viele Steuern er von jedem erheben konnte, hat er eine Volkszählung durchführen lassen. Es war zum ersten Mal, dass eine solche Zählung stattgefunden hat. Dies war zu der Zeit, als Quirinus der Statthalter des römischen Kaisers in der Provinz Syrien war.	*Sohn setzt sich auf die Armlehne des Sessels (oder auf den Boden).* *Vater schlägt Atlas auf (oder breitet die Landkarte aus).* *Sohn ist dem Vater zugewandt. Er hört ihm aufmerksam zu.*

Damals gab es weder Telefon, Bus noch Auto; Faxgeräte, Internet und Handys schon gar nicht. So gab es keine andere Möglichkeit, als dass jeder persönlich zu Fuß in den Ort gehen musste, in dem er geboren worden war, um sich in eine Liste eintragen zu lassen.
Alle gingen hin. Alle mussten hingehen; so auch Josef.

Sohn schaut ungläubig. Er schüttelt den Kopf.

Licht aus in Szeneraum R. Vater und Sohn treten ab. Requisiteure räumen Sessel weg.

Licht an in Szeneraum L1.
Es folgen die Szenen zur biblischen Weihnachtsgeschichte wie in II.1: S. 51 bis S. 59
Erzähler 2: Damals lebte Josef mit Maria, seiner Verlobten …

Lied

»Herbergssuche« *(T/M: Detlev Jöcker; CD 6; S. 146; Kinderchor singt)*

Wirt 1 tritt ab, Maria und Josef gehen ein paar Schritte weiter.

Erzähler 2	Pantomime
Josef und Maria erreichten das nächste Gasthaus und klopften an.	*Maria und Josef gehen in Richtung Wirt 2. Sie kommen an. Josef klopft an.*
Ein Wirt öffnete die Tür und die beiden fragten nach einem Zimmer. Der Wirt bedauerte und meinte: »Da seid ihr zu spät dran. Kein einziges Zimmer ist mehr frei.«	*Wirt 2 tritt auf und wendet sich Maria und Josef zu.* *Wirt 2 winkt ab.*

Wirt 2, Josef und Maria bleiben stehen, während der Kinderchor ein Lied singt.

Lied

»Herbergssuche« *(T/M: Detlev Jöcker; CD 6; S. 146; Kinderchor singt)*

Wirt 2 tritt ab. Maria und Josef gehen ein paar Schritte weiter.
Es folgen die Szenen zur biblischen Weihnachtsgeschichte wie in II.1:
Erzähler 2: Bei vielen anderen Herbergen erging es Maria und Josef nicht anders …

Lied

»Herbergssuche« *(T/M: Detlev Jöcker; CD 6; S. 146; Kinderchor singt)*

Wirt 3 bleibt stehen. Maria und Josef gehen einen Schritt weg.
Erzähler 2: Maria sagte zu Josef: »Ich spüre mein Kind …«
Fortfahren wie in II.1

Lied

»Jesus ist geboren« *(GfY 416/TfG 503; S. 145; Kinderchor singt)*

Licht aus in Szeneraum M. Hirten und Schafe machen sich bereit in Szeneraum L2. Dann Licht an in Szeneraum L2.
Erzähler 2: Auf den Feldern vor der Stadt waren Hirten mit ihren Schafen …
Fortfahren wie in II.1

Lied

»Wacht auf und schlaft nicht mehr« *(T/M: Detlev Jöcker; CD 6; Kinderchor singt)*

Nach dem Lied treten alle Engel wieder ab.
Erzähler 2. Als die Engel wieder weg waren, sagten die Hirten zueinander: …
Fortfahren wie in II.1

Lied

»Stern über Betlehem, zeig uns den Weg« *(GfY 400/TfG 495; Kinderchor singt)*

Licht an in Szeneraum M. Hirten gehen auf den Stall in Szeneraum M zu.
Erzähler 2: Der Hirte Simon bemerkte: »Seht, der Stern …«
Fortfahren wie in II.1

Licht an in Szeneraum R.

Erzähler 1	Pantomime
Die Hirten sind auf dem Weg. Sie begegnen einer Frau. Auch ihr erzählen sie, was sie erfahren haben.	*Die Hirten gehen zum Szeneraum R. Dort treffen sie auf die Frau. Gesten des Gesprächs.*

Sie glaubt den Hirten nicht. Sie sagt: »Das will ich mir schon selbst anschauen!« Die Hirten erklären ihr den Weg zum Stall und die Frau eilt dorthin.

Die Frau schüttelt den Kopf. Sie zeigt auf sich. Hirten strecken die Hände aus und zeigen in Richtung Stall. Frau geht zum Stall.

Beim Stall angekommen, schaut sie in die Krippe hinein und fragt: »Was soll das heißen, er sei der Heiland und der Retter? Ich sehe nur ein Kind. Und das sieht aus wie hunderttausend andere auch.«

Licht an in Szeneraum M.
Frau beugt sich nach vorne und schaut in die Krippe. Dann dreht sie sich um und wendet sich an die Anwesenden in der Kirche.

Da sagt Maria: »Ich weiß, dass dieses Kind etwas Besonderes ist. Es ist einige Monate her, da kam ein Engel zu mir nach Nazaret. Der Engel sagte zu mir, dass ich dieses Kind Jesus nennen soll. Wenn er groß ist, wird er das Volk retten. Er ist der Heiland, der Retter, der Sohn Gottes. Ich glaube, was der Engel gesagt hat.«

Maria wendet sich an die Frau. Die beiden Frauen sind einander zugewandt. Gesten des Gesprächs.

Die Frau schüttelt den Kopf und sagt leise vor sich hin: »Nur weil eine Frau ihr Kind für etwas Besonderes hält, glaube ich noch lange nichts.«

Frau schüttelt den Kopf. Gesten des Selbstgesprächs unter vorgehaltener Hand.

Da sagt Josef: »Das solltest du aber. Ich hatte einen Traum. Ein Engel sagte mir, dass dieses Kind der Immanuel, der Gott mit uns, ist. Ich glaube meinem Traum und diesem Engel.«

Josef wendet sich an die Frau. Frau wendet sich Josef zu. Gesten des Gesprächs.

Die Frau dreht sich zur Seite und sagt: »Ich halte das für eine Dummheit, was die beiden behaupten. Wenn es wirklich ein besonderes Kind ist, was haben dann Ochse und Esel neben ihm zu suchen?«

Frau dreht sich zur Seite und wendet sich den Anwesenden in der Kirche zu. Sie hält die Hand seitlich an den Mund, damit Josef und Maria nichts mitbekommen, was sie sagt. Mit der anderen Hand zeigt sie auf Maria und Josef.

Seltsam berührt, lassen Ochse und Esel diese Worte nicht auf sich sitzen.

Ochse und Esel treten auf. Sie schauen sich verwundert an.

Der Ochse tritt hervor und gibt zu verstehen: »Wenn du an dem zweifelst, was über dieses Kind gesprochen wird, möchte ich dir gerne helfen: Schon der Prophet Jesaja hat gesagt, dass der Ochse seinen Herrn erkennen wird. Und dieses Kind ist der Herr für alle.«

Ochse geht auf die Frau zu und wendet sich an sie.

Die Frau staunt über diese Antwort, fragt aber weiter: »Und was will der Esel neben dir?«

Frau zeigt sich erstaunt und wendet sich dem Esel zu.

So kommt auch der Esel hervor und vertritt stolz seine Einstellung mit den Worten: »Ich zeige an, dass dieses Kind kein üblicher König sein wird. Er wird ein demütiger Herr sein, der allen dienen wird.«

Esel geht auf die Frau zu und wendet sich an sie.

»Komm, Ochs, geh mit! Wir gehören zur Krippe. Wir bleiben beim Kind.«

Esel und Ochse schauen sich an und gehen zurück an ihren Platz im Stall.

Beeindruckt von diesen Worten geht die Frau von der Krippe und vom Stall weg. Sie denkt lange über das Kind nach und über das, was über das Kind gesagt wurde.

Frau geht nachdenklich und gemächlich vom Szeneraum M zum Szeneraum R.

Abwägend spricht sie ihre Gedanken leise vor sich hin: »Es ist doch eine merkwürdige Gesellschaft, die sich um das Kind versammelt:

- die Eltern, die von weither kommen, mit Migrationshintergrund, und die den seltsamen Dialekt von Galiläa sprechen,
- diese armseligen Hirten, diese harten Männer, die von diesem Kind tief berührt sind,
- dann dieser Ochse und dieser Esel, was die zum Ausdruck gebracht haben.
- Schließlich die seltsamen Schafe. Sie behaupten von dem Kind, dass es später der Gute Hirte sei.

Es ist doch merkwürdig, wer alles dieses Kind ehrt. Und auch ich denke immer mehr nach über dieses Kind. Vielleicht stimmt es ja doch, was sie alles über das Kind sagen.«

Frau geht im Szeneraum R gemächlich, aber unruhig auf und ab. Sie ist innerlich sichtlich bewegt und nachdenklich.

Sie denkt noch lange nach. Sie spürt, wie sich ihre Einstellung zu diesem Kind ändert.

Während die Frau ihren Weg geht, kommt ihr jemand mit schnellen Schritten entgegen. Er macht den Eindruck, als wäre er ein Fürst oder ein König.

König Herodes tritt auf. Er betritt den Szeneraum R mit zackigem Schritt.

Hastig stellt er sich der Frau vor: »Ich bin König Herodes und suche das Kind. Um es gleich zu sagen: Ich ehre dieses Kind nicht. Ich habe Angst vor diesem Kind. Wenn er wirklich der König ist, macht er mir meine Herrschaft streitig. Und er nimmt mir meinen Thron und meinen Reichtum weg.«

König Herodes tritt vor die Frau. Gesten des Gesprächs. Frau hört zu.

Da entgegnet ihm die Frau mit ruhigen Worten: »Du irrst dich, Herodes. Nach allem, was ich über dieses Kind gesehen und gehört habe, will es keine Macht, keine Gewalt und keinen Reichtum. Ich zweifle nicht mehr.

Frau wendet sich König Herodes zu. Gesten des Gesprächs.

Ich gehe nochmals zum Stall und werde dieses Kind, Jesus, anbeten.«

Frau wendet sich von König Herodes ab und geht zur Krippe im Szeneraum M. König Herodes bleibt im Szeneraum R zurück.

Licht aus in Szeneraum R. Alle Darsteller kommen nach vorne zum Stall in Szeneraum M. Sie bleiben stehen, während ein gemeinsames Lied gesungen wird.

Lied

»Lasst das Lied der Liebe weiterklingen« *(T/M: Detlev Jöcker; CD 1 + 3; gemeinsam singen)*

Alle Darsteller treten ab, nur Maria und Josef bleiben bei der Krippe.

Fürbitten

Gott ist Mensch geworden. Heute. In Jesus Christus.
Lasst uns aus ganzem Herzen zu ihm beten:

1. Du bist das Licht in der Finsternis: Lass alle Menschen dieser Erde in ihrem Dunkel das wahre Licht für ihr Leben finden.
   Alle: Wir bitten dich, erhöre uns.

2. Du bist das Kind von Betlehem: Schenke allen, die einsam, traurig oder krank sind, deine Nähe und deinen Trost.
   Alle: Wir bitten dich, erhöre uns.

3. Du bist in Armut geboren: Schenke den Kirchen in den armen Ländern des Südens Kraft und Zuversicht, damit sie den Armen und Entrechteten die Frohe Botschaft bringen können.
   Alle: Wir bitten dich, erhöre uns.

4. Du bist der Fürst des Friedens: Lenke Geist und Herz der Menschen, die Macht haben und Verantwortung für ganze Völker tragen, dass sie Frieden und Freiheit für alle Menschen in ihren Ländern suchen.
   Alle: Wir bitten dich, erhöre uns.

5. Du bist Mensch geworden: Segne unsere Familien und alle Menschen, die uns nahestehen und uns wichtig sind. Segne die Menschen, mit denen wir uns schwertun.
   Alle: Wir bitten dich, erhöre uns.

Gott, unser Vater: Du hast uns Jesus als den Retter der Welt gesandt. Dich loben und preisen wir, jetzt und in Ewigkeit. Amen.

Vaterunser

Segensgebet

Herrlichkeit in den Höhen für Gott
und auf der Erde Friede den Menschen seines Wohlgefallens!
Der Friede Gottes, der höher ist als alle Vernunft,
bewahre eure Herzen in Christus Jesus.
Amen.

Lied

»Stille Nacht« *(GL 249/EG 46; gemeinsam singen)*

III. Krippenrundgänge

Für Schule und Gemeinde

Für Krippenrundgänge werden nur zwei lese-erprobte Menschen gebraucht, die Freude am lebendigen Vorlesen haben. Dann tragen die Dialoge die Hörer direkt in den Stall von Betlehem, in den Himmel, in den Palast des Julius, auf die Felder vor Betlehem. Der geringe Vorbereitungsaufwand erleichtert die arbeitsreiche Advent-und Weihnachtszeit. Dort, wo keine Spieler für ein aufwendiges Krippenspiel zur Verfügung stehen, kann trotzdem eine ansprechende Feier gestaltet werden.

III.1 Tierische Gespräche im Stall von Betlehem

Renate Jensen

Vorbereitungen

Darsteller:
Für dieses Krippenspiel benötigt man pro Szene nur zwei Kinder oder Jugendliche, die schon längere Textpassagen auswendig lernen können. Oder die Texte werden vorgelesen. Als Krippenrundgang reicht eine Szene. Es können aber auch mehrere Szenen zu einem Krippenspiel zusammengefügt werden.

Kulisse und Requisiten:
Die Kostüme können je nach Zeit oder Begabung aufwendiger oder ganz einfach gestaltet werden. Aus Plüschstoff genähte Kostüme werden Hunde- und Katzenfell ganz sinnfällig darstellen. Aber auch Pappohren, ein einfach mit Sicherheitsnadeln befestigter Katzen- und Hundeschwanz und bräunliche und graue Bekleidung werden ihren Zweck erfüllen.

Der Stall kann durch Heuballen, eine Futterkrippe und einfache Stellwände ohne viel Aufwand angedeutet werden. Der Erzähler führt in die Situation ein.

Spieldauer: Die Szenen können einzeln oder nacheinander aufgeführt werden. Für die Aufführung müssen 15 bzw. 30 Minuten eingeplant werden.

Lied

»Herr, wir warten auf dich« (GfY 405)
Oder: »Geht zu den Ställen heute Nacht« *(GfY 414, 1. Strophe; 2. und 3. Strophe entsprechend nach Szene I und II)*

Szene I: Hund und Katz

Erzähler: Nun sind wir im Stall; zusammengerollt im Stroh, sieht eine Katze den zotteligen Hirtenhund in den Stall kommen. Lasst uns auf dieses tierische Gespräch hören:

Katze: He, sieh dich vor! Was haust du dich hier so ins Heu? Siehst du nicht, dass ich hier liege!?
Hund: Doch. Schon.
Katze: Na!? Und!? Ich bin eine Katze!
Hund: Ich weiß. Ein etwas struppiges Exemplar, aber schon: eine Katze. Kannst du schnurren?
Katze: Ich schnurre nur, wenn ich zufrieden bin; und davon kann jetzt keine Rede sein.
Und überhaupt: Ich lebe hier im Stall, wie soll ich da schon aussehen! So ein eleganter Stubentiger bin ich eben nicht. Aber … du hast es ja nötig! Wie siehst du eigentlich aus!?
Hund, ich sags noch mal: Rück mir nicht so auf die Pelle, Hund und Katze verstehen sich nicht. Wir sprechen nicht dieselbe Sprache.
Hund: Hm, aber wir können uns doch ganz gut unterhalten, oder findest du nicht?
Katze: Ich will mich aber nicht mit dir unterhalten. Ich rede nicht mit jedem. Und vor allem rede ich nur, wenn ich es will.
Hund: Katzen tun ja immer nur, was sie wollen.
Katze: Ja, genau. Wir sind nicht so ergeben wie ihr, … ihr Hirtenhunde.

Hund: Herdenschutzhund, bitte! Ich bestehe auf diesen Unterschied: Herdenschutzhund.
Katze: Ist mir egal. Riechen tut ihr alle gleich. Und stören auch. Die ganze Nacht geht es schon so, ständig geht die Tür auf und die eisige Luft zieht hier rein. Mit Ochse und Esel teil ich mir meinen Stall schon lange, aber was diese Menschen hier wollen, das frag ich mich. Auch noch ein Kind hat die Frau hier geboren.
Hund: Ja, deswegen bin ich hier.
Katze: Du? Willst du das Kind beschützen?
Hund: Nun, wenn es sein müsste, dann schon. Aber ich hab die Engel anders verstanden. Ich glaub, dies Kind ist geboren, um die Menschen zu schützen oder zu retten, hat der Engel, glaub ich, gesagt. Und wir sollten kommen und es in der ganzen Welt weitersagen.
Katze: Wovon sprichst du eigentlich? Und seit wann reden Engel mit struppigen Hirtenhunden?
Hund: Herdenschutzhund, bitte!
Nun, so richtig mit mir hat der Engel nicht geredet, das geb ich zu; aber immerhin mit meinem Herrn. Aber ich hab mich ganz dicht zu ihm gestellt, denn zuerst hatte er Angst.
Das war ja auch ein Ereignis, sag ich dir! Mitten in der Nacht wurde der ganze Himmel hell und wir hörten Gesang, himmlischen Gesang. Der ganze Himmel war voll Musik und Licht. »Fürchtet euch nicht«, sprach dann eine Stimme, »denn euch ist der Heiland geboren.«
Und alle wurden hierher zum Stall geschickt, um das Kind zu sehen.
Ja, da haben wir natürlich alles stehen und liegen gelassen und jetzt sind wir da.
Katze: Ja, das seh ich. Was ist das nur für eine Nacht? Merkwürdig ist, was heute geschieht: Ihr hört auf den Feldern vor Betlehem diese Botschaft »Fürchtet euch nicht! Ein Kind wird für euch geboren.«
Warum hört ihr diese Nachricht zuerst? Ausgerechnet Hirten? Und dann geschieht es auch noch so; diese Menschen kommen hier herein und das verheißene Kind wird geboren. Und so ein wehrloses, winziges Kind soll in dieser dunklen hartherzigen Welt ein Retter sein?
Wie soll das gehen?
Hund: Nun, manchmal erreicht man viel mit ganz ungewöhnlichen Ideen. Mein Hirte sagt, Gott will in diesem Kind zu den Menschen sprechen.
Katze: Sie werden ihn nicht verstehen, Hund. Gott und Mensch sprechen verschiedene Sprachen.

Hund: Du, vielleicht ist das wie bei uns: Du hast gemeint, Hund und Katz sprechen auch verschiedene Sprachen und schau, wie gut wir uns verstehen.
Man muss nur sein Herz öffnen, um Gott zu hören. Da geht es nicht um Schlapp- oder Stehohren. Man hört nur mit dem Herzen wirklich gut. Und ich muss das wissen, glaub mir.
Und gerade mit diesem Kind wird Gott die verschlossenen Herzen öffnen.
Es ist eine Sprache, die jeder versteht.
Und das will Gott doch: Er will einfach alle Angst von uns nehmen und Gewissheit geben, dass er uns nahe ist in diesem Kind.
Katze: Vielleicht hast du recht. Dieses Kind wird die Welt verändern. Und hat es ja schon, schon heute Nacht.
Meinst du wirklich, dass Gott alles Leben in Händen hält und liebt?
Hund: Genau das mein ich, Katze.
Katze: Wirklich alle? Nicht nur die eleganten Stubentiger?
Hund: Nein, auch die struppigen Exemplare, Katze.
Katze: Gut, dass du in den Stall gekommen bist, du … Herdenschutzhund.
Hund: Du, Katze, jetzt schnurrst du aber.

Lied

»Ihr Kinderlein kommet« *(GL 248/EG 43)*
Oder: »Menschenkind, im Stall geboren« *(GfY 410)*

Szene II: Ochse und Schaf

Ochse: So ungewöhnliche Gäste habe ich im Stall noch nie gehabt.
Schaf: Ich auch nicht, das kann ich dir sagen. So was gab es hier noch nie! Das ist doch nicht richtig, hier gehören nur wir Tiere rein, Schafe und Ochsen wie du und ich. Was soll das nur!?
Ochse: Ich weiß es auch noch nicht. Aber sie bringen doch Leben in unseren düsteren Stall? Ich finde es gleich viel heller und schöner hier, seit sie da sind. Schau doch erst mal, bevor du meckerst oder besser blökst!
Schaf: Ach, du! Dich alten Ochsen bringt nichts aus der Ruhe.
Sieh dir das an, sie bringen nichts als Unordnung: Sie haben das kleine Kind einfach in unsere Futterkrippe gelegt. Das geht doch nicht …
Ochse: Was regst du dich so auf, da war seit Tagen kein Futter mehr für uns drin …

Schaf: Aber da gehört doch kein Kind rein! Da gehört Futter rein! Das war schon immer so.

Ochse: Warum machst du dir so viel unnötige Sorgen? Wer weiß, wann der Bauer mit Futter kommt! Und dann wird sich eine Lösung finden.
Freu dich doch einfach an diesem kleinen Menschenkind.
Schau mal, wie es lächelt.

Schaf: Es liegt in meiner Krippe! Und da gehört es nicht hin. Ordnung muss sein. … Aber du hast recht: Es ist niedlich. Und weißt du, vorhin, als die ganzen Hirten da waren, da war mir, als hätte ich Gesang gehört.

Ochse: Ja, das hab ich auch gehört.
Das war der Chor der himmlischen Heerscharen. Die singen, weil Gottes Sohn geboren ist.

Schaf: Die singen, weil Gottes Sohn geboren ist!? Du meinst, der Kleine da, der in meiner Futterkrippe, der ist Gottes Sohn?

Ochse: Wenn ich den Chor der Engel richtig verstanden habe, wenn ich diese heilige kleine Familie sehe, wenn ich diese außergewöhnliche Nacht, ja, heilige Nacht bedenke, dann glaube ich: Da vor uns liegt ein ganz besonderes Kind.

Schaf: Du meinst also wirklich, dieser Kleine da, in meiner Futterkrippe, im erbärmlichen Stall … ist Gottes Sohn?
Das soll ein Schaf begreifen – was soll das? Warum hier? Warum so ein Kind?

Ochse: Wie und wo sonst? Wo gehört Gottes Sohn sonst hin, als zu denen, die ihn brauchen und die sich nach ihm sehnen: die Armen und Vergessenen, die, zu denen keiner geht, die, die immer am Rand des Lebens stehen, die, die zu den Verachteten zählen. Ich denke, es gibt keinen besseren Ort als unseren Stall. Freu dich, Schaf, du hast ihn gesehen.

Schaf: Ja, ich hab ihn gesehen. Unglaublich klein und zart, verletzlich und ausgeliefert an diese Welt.
Näher kann Gott den Menschen gar nicht kommen als in diesem Kind.

Ochse: Du hast ganz recht. Lass uns nun still werden und unsere Zeit mit diesem Kind in deiner Futterkrippe erleben.

Lied

»O du fröhliche« *(EG 44/GL 238)*
Oder: »Wer kann mir sagen« *(TfG 515)*

III.2 Gespräche in Betlehem

Renate Jensen

Vorbereitungen

Rollen:
In diesem Dialog unterhalten sich die Herbergsleute, nachdem sie Josef und Maria abgewiesen haben und die beiden auf dem Weg in den Stall sind. Es folgen Dialoge der Hirten und von Maria und Josef.
Als Krippenrundgang reicht eine Szene. Es können aber auch mehrere Szenen zu einem Krippenspiel zusammengefügt werden.

Kulisse und Requisiten:
Wie bei allen Krippenrundgängen kann auf alle Requisiten verzichtet und »nur« lebendig gelesen werden.
Wenn es gestaltet werden soll, bieten sich folgende Möglichkeiten:
Für Szene I: Eine angedeutete Wirtshausstube lässt sich leicht bewerkstelligen: ein Tisch, eine Öllampe, Geschirr, (Hand-)Tücher, ... Alles, was man sich in einem Gasthaus so vorstellt. Die Wirtin ist mit einer Schürze und Kopftuch sicher leicht verkleidet und auch der Herbergsvater kann mit Schürze und Weste einfach ausstaffiert werden. Möglich ist, dass die beiden während des Dialogs »geschäftig« vor sich hinarbeiten und sich dann mehr und mehr in das Gespräch hineinbegeben.
Auch dieser Dialog kann ohne jegliche Verkleidung und Requisiten mit viel Freude »nur« gelesen werden.
Für Szene II: Für die Hirtenszene kann im Altarraum ein Lagerfeuer angedeutet werden; es gibt ja genug Möglichkeiten, flackerndes Elektrolicht unter Holzscheiten zu verbergen.
Lammfelle, Decken, evtl. ein alter Stahltopf mit Teebechern, große Stoffschafe usw. Bei einer Aufführung gelang es, einen braven Hund tatsächlich die ganze Zeit als Hirtenhund dabeizuhaben. Das sollte aber gut klappen, um nicht von der Aufführung abzulenken! Die Hirten können so verkleidet sein, wie es den ganz allgemeinen Vorstellungen von Hirten entspricht.
Für Szene III: Wenn möglich, kann durch wenige Requisiten eine Stallatmosphäre geschaffen werden: Heuballen, eine hölzerne Krippe, einfache Stellwände mit (auf Papier gemalter) Holzstruktur.
»Maria« und »Josef können mit Kleidungsstücken wie Kopftuch, Fellweste oder Hut

ausstaffiert werden. Es ist aber durchaus möglich, darauf zu verzichten und auf die Fantasie der Menschen zu vertrauen.
Viel wichtiger – bei allen Krippenrundgängen – ist das »einfühlsame Lesen.«
Für Szene IV: Es könnten Bilder von karger Landschaft in Palästina oder Ägypten auf eine Leinwand projiziert werden.

Aufführungsdauer:
Die einzelnen Szenen nehmen 10–15 Minuten in Anspruch.

Lied

»Sage, wo ist Betlehem« *(GfY 403; S. 149)*

Szene I: Die Herbergsleute unterhalten sich

Wirt: Mir gehen die zwei auch gar nicht aus dem Kopf …
Wirtin: Was? Welche zwei gehen dir nicht aus dem Kopf …?
Wirt: Na, der Mann eben mit seiner Frau?
Wirtin: Weißt du eigentlich, wie viele Männer mit ihren Frauen heute an unsere Herberge geklopft haben, um ein Zimmer zu bekommen? Und da soll ich wissen, wen du jetzt immer noch im Kopf hast!
Wirt: Natürlich weißt du es! Ich spür es doch genau. Seit die beiden bei uns angeklopft haben, bist du ganz still geworden.
Wirtin: Ach, *die* beiden meinst du! Ja, na und, manches geht einem ja auch näher ans Herz. Und trotzdem, wir mussten sie wegschicken.
Wirt: Sie war so blass und so müde. Ich hätte so gerne geholfen.
Wirtin: Meinst du, ich nicht? Aber anbauen können wir nicht so schnell und wenn alles voll ist, ist nichts zu machen. Du hättest ihr noch dein eigenes Bett anbieten können.
Wirt: Ja, … schade! Das hätte ich tun müssen.
Wirtin: Nun ist es aber mal gut. Fremde Leute, was gehen die uns an. Wir können auch nichts dafür, dass ganz Betlehem überlaufen ist.
Wirt: Fremde Leute, sagst du! Ich weiß nicht, ich hatte bei den beiden gar nicht das Gefühl, als wenn das fremde Leute gewesen wären.
Die Frau, ich glaube er nannte sie »Maria«, sie war trotz ihrer Erschöpfung so ruhig, ja, gelassen. Es war keine Angst in ihren Augen oder Sorge.

Und als ich sie wegschickte, weißt du, ich bin mir da ganz sicher …, da hat sie sogar gelächelt.

Wirtin: Gelächelt? Dabei muss ihr alles andere als zum Lächeln zumute gewesen sein.

Wie die mir aussah, stand die Geburt unmittelbar bevor.

Wirt: Das erste Kind, unter solchen Umständen geboren … Hast du sie eigentlich zum Stall geschickt?

Wirtin: Ja, wenigstens der ist ja frei, bis auf die Tiere. Und ein bisschen wärmer als im Freien zu übernachten ist es ja auch.

Wirt *(nachdenklich)***:** Wenn das alles man nicht seinen guten Sinn hat?!

Wirtin: Was redest du da? Was meinst du damit?

Wirt: Ich weiß es selber nicht genau.

Aber das war eine so sonderbare Begegnung. Mir fällt immer der Text ein, den der Rabbi uns gelesen hat, aus dem Buch des Propheten Micha: Du, Bethlehem Efrata, die du klein bist unter den Städten in Juda, aus dir soll mir kommen, der in Israel Herr sei.

Ob ich mal zum Stall gehen soll, nachschauen?

Wirtin: Ja, eine merkwürdige Nacht ist das schon. Geh nur. Vielleicht kannst du was helfen. Und sag bitte, dass es mir leidtut, mit dem Zimmer, meine ich.

Und warte, ich hab hier noch ein Windeltuch, nimm es mit. Wer weiß, ob sie irgendetwas für den Kleinen mithaben.

Wirt: Wieso sagst du »für den Kleinen«? Das weißt du doch gar nicht.

Wirtin: Ich hörte, das König Herodes überall nach einem neugeborenen Königskind sucht. Er fürchtet mal wieder um seinen Thron.

Und sie, die junge Frau, sie sah so stolz aus und strahlte, als ob sie einen Königssohn trug …

Wirt: Wart mal, … guck dir das an! Da, was ist das? Direkt über unserem Stall ein Stern! So hell, so strahlend! So etwas habe ich noch nie gesehen!

Wirtin: Unglaublich! Was ist das nur für eine sonderbare Nacht. Was soll das alles bedeuten?

Lied

»Was soll das bedeuten?« *(www.liederkiste.com)*

Oder: »Geht zu den Ställen heut Nacht« *(GfY 414/TfG 502)*

Szene II: Hirtengespräch

Hirte 1: Was für eine eisige Nacht! Lass mich mal dichter ran ans Feuer, ich kann die Finger kaum noch bewegen vor Kälte.
Das sind solche Zeiten, in denen ich mein Leben hasse: Schafhirte! Mit Hungerlohn und jeder hält mich für das Allerletzte. Abschaum, der nichts anderes kann, als auf blöde Schafe aufzupassen.
Hirte 2: Hör doch auf mit diesem Gerede! Ich kann das nicht mehr ertragen. Kapier doch endlich, auf welcher Seite des Lebens du stehst. Und nicht nur du: Seit vielen Generationen stehen wir beide auf der Schattenseite des Lebens, im Dunkeln, hörst du! Wir stehen im Dunkeln! Und das wird immer so bleiben. Nichts wird sich ändern. Wir gehören zu den Vergessenen dieser Welt.
Hirte 1: Wenn du dich damit abfinden willst: bitte. Aber ich nicht. Ich weiß ganz tief in meinem Herzen, dass ich nicht weniger wert bin als jeder andere Mensch.
Ich weiß, dass es nicht darauf ankommt, was ich in dieser Welt leiste. Ich hab mir das ja auch nicht ausgesucht, ich hab ja fast den Hirtenstab meines Vaters übernommen. Das heißt doch nicht, dass ich nichts tauge oder dass ich nichts kann. Niemand hat das Recht, auf mich herabzublicken.
Hirte 2: Nein, niemand hat das Recht dazu, aber sie tun es alle. Oder geschieht es dir nicht, dass kein Mensch mit dir redet und mit dir zu tun haben will? Geschieht es dir nicht, dass dein Hungerlohn dir vor die Füße geworfen wird?
Geschieht es dir nicht, dass du keines ihrer feinen Häuser betreten darfst? Und geschieht es deinen Kindern nicht, dass keiner ihr Freund sein will? Geschieht dir all das nicht? Mach die Augen auf! Du stehst im Dunkel dieser Welt.
Hirte 1: Du bist verbittert und diese Bitterkeit raubt dir das Vertrauen. Weißt du, ich hab nicht nur den Hirtenstab meines Vater übernommen, nein, auch seinen Glauben. Und einen Satz, den er immer vor sich hersagte, wenn die Verzweiflung groß war, einen Satz hab ich mir eingeprägt, der steht irgendwo in der Tora: Das Volk, das im Finstern wandelt, sieht ein großes Licht und über denen, die da wohnen im finstern Land, scheint es hell.
Hirte 2: Ich wünschte, du hättest recht. Aber wo soll es herkommen, dieses Licht, hier auf den Feldern vor Betlehem? Wo nur soll es herkommen?

Lied

»Hört der Engel helle Lieder« *(EG 54/TfG 490)*
Oder: »Weil Gott in tiefster Nacht« *(TfG 512)*

Hirte 2: Hast du das gehört?! Träum ich? Das kann doch nicht wahr sein!
Eben sprichst du davon, dass es über dem finstern Land hell scheinen wird, und dann das? Du bist gar kein lumpiger Schafhirte, du bist ein Prophet. Weißt du das eigentlich?!
Hirte 1: Meinst du wirklich? Ich ein Prophet. Ich hab eigentlich nur das gesagt, was ich glaube, oder vielleicht hab ich auch ganz oft nur den Glauben meines Vaters geglaubt.
Der Gott meines Vaters ist meiner und er hat uns versprochen, dass eines Tages Lamm und Wolf beieinanderliegen und Frieden und Gerechtigkeit sich küssen. Ich glaube, heute ist das Wirklichkeit geworden.
Hirte 2: Du hast recht. Heute ist eine wahrhaft heilige Nacht, die Engel haben es uns gesungen. Oder ich muss eigentlich sagen, die Engel haben es *uns* gesagt. Wir sind gemeint, uns gilt diese Botschaft als Allerersten auf der ganzen Welt! Zu uns kommt dieser Erlöser, zu uns, hast du kapiert!?
Ich wusste doch schon immer, dass wir was wert sind, wir beide, egal, was die Leute denken.
Hirte 1: Ja, ja, das wusstest du schon immer. Komm, lass uns aufbrechen, Gott hat Großes mit uns vor. Wir wollen sehen, was die Engel besungen haben, und es der ganzen Welt erzählen: Heute ist uns der Heiland geboren. In Armut und Niedrigkeit, so wie du und ich. Und doch in seiner ganzen Herrlichkeit.
Hirte 2: Nun ist ja gut, du Prophet. Komm, wir Hirten sind gerufen.

Lied

»Kommet ihr Hirten« *(EG 48)*
Oder: »Wer durfte zuerst zum Stall hingehn« *(GfY 411)*

Szene III: Maria und Josef im Stall

Erzähler: Lassen Sie uns noch einmal lauschen, was Maria und Josef sich vielleicht zugeflüstert haben, als die Hirten gegangen sind und das kleine Jesuskind eingeschlafen ist. Da waren sie noch wach, die Eltern des Gottessohnes, und waren erfüllt von dem, was sich ereignet hatte.

Kurze Stille

Josef: Nun ist alles wieder still geworden. Nur das Schnaufen der Tiere um uns.

Aber weißt du: Ich hab noch den Gesang der Engel in meinen Ohren.
Was für eine besondere, heilige Nacht. Einfach unglaublich.
Und dieses strahlende Leuchten direkt über unserem Stall.

Maria: Jetzt sagst du sogar »unserem Stall«, Josef. Wir haben tatsächlich hier doch Geborgenheit und Sicherheit gefunden, nicht wahr?
Unser erstes Zuhause für uns und unseren Sohn. Das hatte ich mir zwar ganz anders vorgestellt … Aber jedenfalls sind wir geschützt.
Nach all den Gefahren und Mühen des langen Weges. Manchmal glaubte ich, einfach nicht mehr weiterzukönnen. Ich war so verzweifelt.

Josef: Ich weiß, Maria.
Ich war es auch.

Maria: Du auch? Das habe ich nicht bemerkt. Du schienst mir so furchtlos und sicher …

Josef: Das ist nur gut. Wie sehr hätte es dich beunruhigt, wenn du meine Furcht gespürt hättest.
Aber nun ist alles vorbei, Maria. Es ist alles gut geworden. Wir sind in Betlehem angekommen, unser Kind ist geboren und gesund. Und bald machen wir uns auf den Heimweg.
Und in alldem hat uns unser Gott nicht verlassen. Er bleibt hinter dem, was er verheißt, nicht zurück. Das wissen wir.
Und nun schau: Der Kleine schläft. Ihm ist es einerlei, ob hier im Stall oder bei uns zu Haus. Schläft selig und voll Vertrauen. Darin kann er uns schon Vorbild sein. Dabei ahnt er noch nicht, was Gott ihm zugedacht hat.

Maria: Josef, gerade das macht mir Angst. Was ist das für ein Weg, den Gott da für ihn vorgesehen hat? Er ist doch mein Kind, unser Kind. Ich will gar nicht, dass Gott ihn erwählt hat. Wofür? Warum gerade unser Kind? Warum?
Ich will auch selber nicht von Gott auserwählt sein. Manchmal will ich nur Maria sein, eine ganz einfache Maria, eine ganz einfache Mutter.

Josef: Gottes Gedanken sind nicht unsere Gedanken und Gottes Wege sind nicht unsere Wege, Maria! Du weißt es! Wir haben immer darauf vertraut. Unser Gott kann und will aus allem Gutes entstehen lassen. Unser kleines Denken kann seinen Plan nicht fassen.
Erinnere dich doch an die Worte des Engels, der vor dir stand. Da ging es doch um so viel mehr als nur um uns und unser kleines Glück. Was sagte er noch vom Reich Davids …

Maria: Ich weiß es noch genau. Der Engel sagte: Siehe, du wirst schwanger werden und einen Sohn gebären und du sollst ihm den Namen Jesus geben und er wird groß sein und Sohn des Höchsten genannt werden und Gott der Herr wird ihm den Thron seines Vaters David geben und er wird König sein in Ewigkeit und sein Reich wird ewig sein. Merkwürdiger König, oder? Im Stall, im Futtertrog, auf Stroh, heimatlos, arm, wehrlos, mit Hirten als Untertanen.

Josef: Hab keine Angst, Maria.

Ich versteh das alles auch nicht. Wirklich nicht.

Aber wir wollen unserem Gott vertrauen. Mir fallen da Worte aus einem Gebet ein, das der Rabbi neulich aus der Tora vorlas: »Aber wie groß sind für mich, Gott, deine Gedanken! Sollte ich sie zählen, wären sie mehr als der Sand! Aber am Ende, Herr, bin ich noch immer bei dir.«

Daran wollen wir festhalten! Auch wenn wir heute nicht wissen, was aus unserem Sohn werden wird.

Und: Welche Eltern wissen das schon, Maria? Wir wissen jedenfalls, dass er in Gottes Hand geborgen ist wie wir auch!

Glaub mir: Gott wird uns nach Haus bringen, Maria. Und dann leben wir erst einmal glücklich mit unserem Kind. Wie eine Familie. Nur wir drei. Und irgendwann nehmen wir ihn auch mit zum Pessachfest nach Jerusalem, wenn er größer ist. Wie eine ganz normale Familie.

Maria: Ja, Josef. Das wollen wir tun.

Verzeih mir, wenn ich so zweifle. Auch ich will vertrauen. Wir haben in den letzten Zeiten Gottes Nähe so sehr spüren dürfen. Er wird weiter für uns Sorge tragen. Und sicher kommen wir bald nach Hause.

Dann sehe ich auch Elisabet wieder. Wie es ihr wohl gehen mag? Ob ihr Kind schon geboren ist?

Josef: Erinnerst du dich noch, was Elisabet dir zugerufen hat, als sie dich sah: »Gepriesen bist du unter den Frauen und gepriesen ist die Frucht deines Leibes!«

Du bist auserwählt, Maria! Du als Mutter unseres Kindes. Danke Gott dafür, Maria, und hadere nicht mit seinem Willen!

Und übrigens: Wenn die Hirten und die drei weisen Männer von dir weitererzählen, wird dein Name vielleicht in der ganzen Welt in aller Munde sein. Vielleicht werden die Menschen dich eines Tages verehren als Mutter eines ganz anderen Königs.

Maria: Ach Josef, nun ist aber gut. Du machst dich lustig über mich.

Ich und verehrt als Mutter eines Königs …

Und nun lass uns schlafen, bevor der Kleine wieder wach wird.

Lied

»Zu Bethlehem geboren« (EG 32/GL 239)

Oder: »Geht, ruft es von den Bergen« *(TfG 980)*
Oder: »In Betlehem ist einst« *(TfG 499)*

Alternative zu Szene III: Dialog zwischen Josef und Maria

Dieser Dialog zwischen Maria und Josef findet ebenfalls im Stall statt; er hat aber eine humorvolle Tendenz, die beim betonten Lesen gut herausgehört werden kann.

Erzähler: Nun ist es still geworden im Stall von Betlehem. Die Hirten sind gegangen. Der Chor der Engel ist verklungen. Schaf und Esel schlafen friedlich im Stroh.

Nur Maria und Josef sind noch wach. Lasst uns hören, was sie einander zu sagen haben.

Maria: Josef, was ist mit dir? *(keine Antwort)* ... Josef?! Was denkst du, Josef?
Josef: Nichts.
Maria: O, diese typische Männerantwort!
Josef: O, diese typische Frauenfrage!
Maria: Ach, Josef! Lass uns nicht so miteinander reden. Und schon gar nicht in dieser Nacht. In dieser heiligen Nacht.
Josef: Du hast recht, Maria.
Weißt du, ich versuche nur die ganze Zeit, zu erkennen, ob er mir nicht doch ähnlich sieht.
Maria: Natürlich sieht er dir ähnlich. Schau doch mal die Stirn.
Josef: Wieso sagst du »natürlich«? Das ist gar nicht natürlich. Ich weiß doch genau, was der Engel dir gesagt hat. Es ist nicht mein Sohn.
Maria: Josef, was denkst du nur?
Josef: Ja, was soll ich denn denken?! Ich bin völlig durcheinander. Seit ich dich kenne, passieren mir so ungewöhnliche Sachen. Ich bin ein einfacher Zimmermann, das weißt du. Ich war so glücklich, als ich dich kennenlernte und deine Eltern mit mir so schnell einig waren, dass ich dich zu mir nehme. Und dann …
Maria: Ja, und was dann?
Josef: … naja, was soll ich sagen. Dann kamen die Gerüchte auf. Du weißt schon.
Maria: Ja, ich weiß schon. Und was glaubst du?
Josef: Ach, was ich glaube, ist eigentlich egal. Ich wusste und weiß immer noch, dass ich dich liebe und dass ich zu dir halte. Egal, was die ganze Welt über uns erzählen wird.
Maria: Meinst du wirklich, dass die ganze Welt über uns erzählen wird?
Josef: Da bin ich sicher, Maria. Über den Chor der Engel, die Hirten und vielleicht auch über die unfreundlichen Wirtsleute.
Und vor allem: über unsere kleine heilige Familie.
Maria: Jetzt sagst du es selber, Josef. Eine heilige Familie. Ich glaube, mit der Geburt unseres Kindes entsteht eine ganz neue, ganz andere Familie. Es muss nicht immer nur einen Vater geben. Auch wenn das Kind durch dich gekommen ist.
Josef: O Maria. Das ist mir zu hoch! Wie meinst du das?
Maria: Gott macht doch von Anfang an deutlich, dass die Geburt unseres Sohnes einen ganz anderen Ursprung hat als die Geburt eines jeden anderen Kindes. Es geht

hier nicht um Manneskraft. Die Geburt unseres Sohnes sprengt die Grenzen all dessen, was wir bisher gedacht und erfahren haben.
Josef: Maria, ich bin ein einfacher Zimmermann! Wer ist der Vater?
Maria: Josef, ich glaube, wir dürfen ganz frei sein von dieser Frage. Sie engt so ein und schaut nur darauf, dass Mann und Frau ein Leben hervorbringen können. Verstehst du, deine Frage schaut nur auf unsere Körper.
Wenn der Engel vom Sohn Gottes spricht, dann schaut er auf etwas ganz anderes. Dann schaut er auf die Kraft des Heiligen Geistes. Von dieser Kraft ist unser Kind gekommen.
Josef: Du hast ja recht.
Und du, Maria, du bist und bleibst meine Frau.
Maria: Ja, Josef. Ich bin und bleibe deine Frau.
Und wir beide dürfen diesem Kind Eltern sein. Wir dürfen Gottes Sohn in unseren Armen halten.
Josef: Die ganze Welt wird davon erfahren. Mein Kind. Gottes Sohn.

Lied

»Es ist ein Ros entsprungen« (EG 30/GL 243)
Oder: »Vom Himmel hoch, da komm ich her« (EG 24/GL 237)

Szene IV: Die Flucht nach Ägypten

Erzähler: Es ist wieder Nacht geworden im Stall. Die Hirten sind in Freude zurückgekehrt auf ihre Felder. Die Weisen aus dem Morgenland haben sich auf den Rückweg gemacht und nach göttlicher Weisung dem König Herodes nichts vom Kind erzählt.
Maria und Josef sind in die Steuerlisten eingetragen und Maria nun wieder stark genug, den Rückweg in die Heimat anzutreten. Und – so erzählt der Evangelist Matthäus – es kommt ganz anders.

Josef: Maria, wach auf! Wach doch auf! Wir müssen los. Wach auf, Maria! Ich bitte dich, wach auf!
Maria: Was ist denn los, Josef? Was ist passiert, es ist mitten in der Nacht!? Warum weckst du mich?
Josef: Wir müssen aufbrechen, Maria. Sofort! Unser Kind ist in großer Gefahr. Schnell, pack alles ein, was wir haben, und beeil dich. Es geht um Leben und Tod.

Maria: Was ist mit dir los, Josef? Was um Himmels Willen redest du da!? Unser Kind in Gefahr? Es geht um Leben und Tod!? Um wessen Leben und ... Ich verstehe nicht.

Josef: Maria, ich bitte dich: Stell jetzt nicht so viele Fragen, wir müssen eilig aufbrechen und ich erzähl dir dann alles. Bitte, steh jetzt auf, wir müssen los.

Maria: Ich steh ja schon auf, Josef. Wovor hast du solche Angst?

Josef: Er wird Jesus suchen und töten. Wir müssen unseren Sohn retten.

Maria: Wer will mein Kind töten? Josef, bist du noch bei Sinnen? Wer sollte unser Kind töten wollen?! Warum?

Josef: Herodes, der König. Er ist blind vor Zorn. Er hat gehört, dass ein neuer König geboren worden ist. Er zögert nicht und will nun alle Neugeborenen töten.

Maria: Ich glaube es nicht, Josef. Ich kann das einfach nicht glauben!? Wer sollte so etwas tun?! Kinder töten? Warum soll ein Mensch Kinder töten.

Josef: Menschen sind zu allem fähig, Maria. Sie schrecken vor nichts zurück, wenn ihre Herzen von blindem Hass oder Neid oder Machtgier besetzt sind.

Maria: Das mag ja alles richtig sein, aber woher weißt du den Plan des Herodes?

Josef: Gott sprach zu mir im Traum, Maria. Wie damals, als ich so zweifelte, ob ich dich wirklich zu mir nehmen sollte. Ich wusste mir damals keinen Rat mehr. Und dann eröffnete Gott mir seinen Plan im Traum. Ich war so gewiss, was ich zu tun hatte. Wenn Gott spricht, stellt sich keine Frage mehr. Du hast es auch erlebt, Maria, wenn Gott selbst spricht und uns in sein Herz schauen lässt.

Auch heute Nacht. Es ist Gottes Wille, dass wir gehen.

Maria: Ich zweifle auch nicht mehr an dem, was du sagst, Josef.

Wen das Wort Gottes trifft, der weiß, was er zu tun hat.

Ich nehme unser Kind, trägst du dies Bündel mit Decken, Josef? Auf nach Nazaret.

Josef: Nein, Maria, wir gehen nicht zurück nach Nazaret. Wir werden nach Ägypten fliehen. Herodes wird uns sonst finden. Seine Macht ist groß und sein Herz von Bosheit erfüllt.

Maria: Nach Ägypten? Was sollen wir in Ägypten?! Ich will zurück nach Hause, ich will zurück in meine Heimat. An den Ort, aus dem ich komme, wo ich jede Straße, jeden Baum, jede Wiese kenne, wo ich die Menschen liebe, wo ich mich wohlfühle. Ich will in meine Heimat.

Josef: Wenn Heimat das ist, was du beschreibst, Maria, dann können Menschen sie verlieren.

Glaub mir, es werden Zeiten kommen und sind schon da, in denen Millionen Menschen diese Art Heimat verlieren und nichts als ihr Leben retten.

Aber Heimat ist noch was ganz anderes, Maria.

Heimat heißt doch, in Freiheit und Geborgenheit leben, vertraut und aufgehoben sein, gerufen und geliebt. Diese Art Heimat kann wachsen und wir können sie uns zusammen schaffen. Diese Heimat kannst du überall mit dir führen, die kann dir keiner nehmen. Lass uns aufbrechen und Heimat neu schaffen.

Maria: Wie lang nur, Josef, wie lange werden wir dort leben müssen?

Josef: Gott nennt keinen Tag, keine Stunde. Er lässt sich nicht festlegen.
Er sprach im Traum: »Bleibe dort, bis ich es dir sage.«
Zum Glauben gehört das Warten. Wir werden warten und hören.
Nun lass uns gehen, Maria. Es geht um mehr, um viel mehr als um unser Wünschen und Wollen.

Maria: Gut, Josef. Wir gehen. Wir müssen bereit sein, Wege zu gehen, deren Ende wir nicht absehen.

Lied

»Ich steh an deiner Krippe hier« *(EG 37/GL 256, Strophen 1–4)*
Oder: »Nun freut euch, ihr Christen« *(EG45/GL 241)*

III.3 Gespräche unter Mächtigen

Renate Jensen

Charakterisierung:
Dieser Krippenrundgang versetzt die Hörer in die Zeit des Römischen Reiches zurück: Die politische Situation steht im Mittelpunkt und gibt Einblicke, in welche geschichtlichen Ereignisse Jesus hineingeboren wird.
Dem Erzähler kommt die wichtige Aufgabe zu, diese historische Situation deutlich werden zu lassen, damit der Hörer die Verbindung zu Geburt und Leben Jesu ziehen kann. Die Predigt eines Gottesdienstes greift dies auf und geht auf heutige Zeitumstände und politische Ereignisse ein.

Vorbereitungen

Kulisse und Requisiten:
Ein prächtiges Gewand für den Präfekten oder ein edles Kleid mit Schmuck und historischer Frisur bei der Gattin Claudia können eingesetzt werden oder aber nichts als gute Stimmen.
In der zweiten Szene fällt der Blick auf den legendären König Herodes. Mit seiner Gattin führt er ein Gespräch, in dem seine Macht und Errungenschaften zum Ausdruck kommen, aber auch seine Furcht vor Intrigen und Machtzerfall.
Mit größerem Aufwand ist sicher ein luxuriös wirkendes Palastzimmer aufzubauen: Vorhänge, Goldgeschirr, Teppiche, Möbel. Oft genügt es ja auch in Andeutungen. Der Fantasie für die kostbaren Gewänder für Herodes und Pallas sind keine Grenzen gesetzt; farbige Gewänder in Form einer Tunika bieten sich an. Einfühlsames und lebendiges Lesen allein geben dieser Szene aber auch ihre Lebendigkeit.

Aufführungsdauer: Die einzelnen Szenen nehmen 10–15 Minuten in Anspruch.

Lied

»Herr, wir warten auf dich« *(GfY 405)*
Oder: »Ihr Mächtigen, ich will nicht singen« *(GfY 720)*

Szene I: Der Präfekt Julius und seine Ehefrau Claudia

Erzähler: Stellen Sie sich vor, wir befinden uns in Cäsarea, dem Sitz des römischen Präfekten Julius. Er ist vom Kaiser Augustus eingesetzt über die Provinz Judäa, zu der Betlehem und Jerusalem gehören. Eine religiös, politisch und sozial unruhige Provinz.
Der Präfekt hat die Interessen des römischen Staates durchzusetzen und Steuern einzutreiben. Ruhe und Ordnung sind um jeden Preis zu wahren.
Um das Jahr Null herum steht ein Präfekt in der Verantwortung, den wir Julius nennen. Etwa 30 Jahre später ist einer seiner Nachfolger im Amt: Es wird Pontius Pilatus sein.
Begleiten wir Julius und seine Ehefrau Claudia ein Stück und hören, was sie uns zu sagen haben.

Julius: Komm herein, Claudia. Was führt dich zu mir?
Claudia: Guten Morgen. Bist du schon beschäftigt damit, Steuern einzutreiben oder deine Kohorten auszusenden? Oder hast du ein wenig Zeit für mich?
Julius: Sprich nicht so ironisch mit mir. Du weißt, ich mag es nicht. Außerdem solltest du meine Arbeit ernst nehmen; du lebst ja auch recht gut von ihr, oder?
Claudia: Nun reagier doch nicht so empfindlich. Ich mein es nicht böse, das weißt du doch.
Nun: Hast du ein wenig Zeit für mich?
Julius: Ja, aber leider wirklich nur ein wenig. Der Hohepriester Hannas hat sich angemeldet; es gibt Probleme.
Claudia: Der Hohepriester! Was er schon wieder will? Ich mag ihn nicht. Ich hab immer den Eindruck, dass er nur seine eigenen Interessen vertreten will und nicht die seiner jüdischen Glaubensbrüder. Wie kann der oberste Repräsentant des jüdischen Volkes so eigennützig sein.
Julius: Solange er nicht den Interessen des Römischen Reiches in die Quere kommt, kann er von mir aus machen, was er will. Und er ist nicht so übel, wie du denkst. Vor allem ist er schon sehr …, lass mich sagen: kooperativ. Eigentlich fast wie eine Marionette. Da kann ich ihm hin und wieder ein paar Zugeständnisse machen, indem ich in seinem Sinne urteile und Recht spreche. Und sein Schwiegersohn Kaiphas, der wird in seine Fußstapfen treten; den werde ich als Nächsten berufen. Und wenn mir einer nicht mehr passt, dann weg mit ihm …
Claudia: Julius, gib acht. Übertreib es nicht! Überzieh deine Macht nicht. Auch du bist auf die Gunst des Kaisers Augustus und des Statthalters Quirinius angewiesen.

Julius: Der Kaiser ist mir wohl gewogen. Schließlich herrscht unter mir in Judäa Ruhe und Ordnung.
Claudia: Die du mit harter Hand durchsetzt. Manchmal frage ich mich, ob du nicht zu schnell urteilst, gerade in Bezug auf die jüdischen Propheten …
Julius: »Jüdische Propheten« nennst du sie. Quacksalber sind das! Irgendwelche Spinner, die glauben, Visionen zu haben, oder sich für die Retter der Welt halten. Dann wiegeln sie das Volk auf, sammeln einige Verrückte um sich und schon haben wir einen richtigen Aufstand. Nein, meine Liebe, da kann man nicht schnell genug handeln. Die kommen ans Kreuz, das sag ich dir, und wenn ich sie eigenhändig annageln muss. Nur so bleibt es ruhig in meiner Provinz.
Claudia: Man muss sie doch wenigstens anhören. Ich habe viel in der Tora gelesen, weißt du. Und dort wird ein Messias angekündigt, von Gott selber gesandt. Stell dir vor, eines Tages steht er vor dir und du erkennst ihn nicht. Du lässt ihn womöglich auch kreuzigen.
Julius: Claudia, ich bitte dich! Was redest du daher. Lies irgendetwas anderes als die Tora, ja?! Dann machst du dir nicht so viele Gedanken.
Verlass dich auf mich: Ich kümmere mich um diese Provinz; um die Ordnung und die Sicherheit und auch um die Steuern.
Claudia: Ich weiß. Und nun ist so viel Unruhe im Land. Alle müssen aufbrechen. Glaubst du wirklich, es bringt mehr Steuern ein, wenn jetzt alle Bürger gezählt und aufgezeichnet werden.
Julius: Ja, die Steuer in den Provinzen musste neu geordnet werden. Da hat Statthalter Quirinius schon recht. Die Volkszählung, zu der Augustus nun aufgerufen hat, ist nur der Anfang. Die Arbeit kommt dann noch auf uns Präfekten und auf die Statthalter zu. Aber es wird dem Kaiser viele Einnahmen bringen. Und damit auch uns.
Claudia: Und deshalb mussten nun alle aufbrechen in ihre Geburtsstätten. Die armen Menschen. So weite Wege. Nur um einmal auf irgendeine Liste gesetzt zu werden.
Julius: Nicht auf *irgendeine* Liste. Auf eine Steuerliste. Dadurch wird es auch dir gut gehen und du kannst dir etwas Schönes kaufen.
Claudia: Gewiss, es geht mir ja so gut an deiner Seite. Ich wünschte mir nur, du wärest in deiner Machtposition etwas barmherziger oder …
Julius: Mit Barmherzigkeit stünde ich jetzt nicht hier. Das muss dir ganz klar sein. Barmherzigkeit ist etwas für Verlierer.
Und nun musst du gehen, Hannas wird gleich da sein.
Claudia: Eines nur noch: Hast du gehört von Betlehem?

Julius: Ist denn nie Ruhe in Judäa! Nun sag bloß, es gibt auch da Unruhen?! Aber meine Truppen sind bereit. Was gibt es dort? Was weißt du?
Claudia: Keine Unruhen, reg dich nicht auf. Du musst nicht kämpfen. Nur ein Kind …, so hörte ich. Ein Kind und … Engel. Man sagt, sie sangen vom Frieden auf Erden.
Julius: Frieden? Das soll mir nur recht sein. Ich kann keine Aufwiegler gebrauchen. Und dieses Kind wird ja wohl noch keiner sein.
Claudia: Nein, kein Aufwiegler. Man sagt, es sei Gottes Sohn, der gekommen ist, wie es in der Tora verheißen wird. Eben der Messias, der die Welt retten wird.
Julius: O nein, noch so einer!
Claudia: Julius, das meinte ich eben: Du musst vorsichtig sein. Du urteilst, ohne hinzuhören. Stell dir vor, in Betlehem ist ein Wunder geschehen und dieses Kind ist er wirklich.
Julius: Das wird nicht mehr mein Problem sein. Bis der zum Aufwiegler rangewachsen ist, bin ich nicht mehr an der Macht. Mit dem wird sich dann mein Nachfolger rumschlagen müssen.
Aber Hohepriester Hannas, den sollte ich vielleicht warnen.
Betlehem – sagst du? Aus Betlehem kann nichts Gutes kommen. Stadt Davids wird sie genannt. David. Ein großer König. So einen können wir Römer nicht gebrauchen. Ich sollte es dem Hohepriester gleich sagen.
Und nun geh und vergiss diesen »Retter der Welt«; den gibt es nämlich schon, es ist Kaiser Augustus.

Lied

»Vom Himmel hoch, da komm ich her« *(EG 24/GL 237, Strophen 1–3)*
Oder: »Kündet allen in der Not« *(GL 221)*

Szene II: Herodes und Pallas

Erzähler: König Herodes konnte gerade seinen prächtigen Tempel in Jerusalem einweihen, der viel prächtiger ist als der Salomonische Tempel. Er baut seine Macht weiter aus. Da erfährt er von seiner Ehefrau Pallas, dass die Geburt eines Königs der Juden bevorsteht. Lauschen wir dem Dialog der beiden Eheleute.

Pallas: Schalom, mein allmächtiger großer König.

Herodes: Guten Morgen, meine liebe Pallas. Höre ich da irgendwie einen Unterton in deinen Worten, der mir nicht gefallen kann?
Pallas: Einen Unterton? In meinen Worten? Was unterstellst du mir da, Herodes? Nein. Das ist mein voller Ernst: Wenn ich daran denke, mit welchem Jubel du überschüttet worden bist bei der Einweihung des prächtigen Tempels in Jerusalem. Herodianischer Tempel wird er genannt. Man sagt, nichts im ganzen Imperium ist mit dieser Tempelanlage vergleichbar. Und da soll ich dich nicht allmächtig und groß nennen.
Herodes: Alles was ich tue, verrichte ich im Namen des Kaisers Augustus. Ich will ihn nicht enttäuschen; schließlich hat er mich zum König ernannt.
Außerdem weißt du, wie wichtig mir der Glaube meiner Väter ist.
Pallas: Der Glaube deiner Väter? Herodes, mein Lieber, vergiss doch bitte nicht, dass es gar nicht der Glaube deiner Väter war! Zwangsweise wurde dein Heimatland Idumäa zum Judentum gebracht. Deine Väter glaubten etwas ganz anderes. Den Unmut »deines« jüdischen Volkes, dass du – ein Nicht-Jude – auf dem Thron sitzt, spürst du doch jeden Tag …
Herodes: Hüte deine Zunge, Pallas! Du kennst mich: Nur, weil du meine Frau bist, kannst du dir nicht alles herausnehmen.
Pallas: Ja, ich bin deine Frau. Deine … sechste Frau. Und sicher nicht die Letzte, vermute ich.
Herodes: Erspar mir deine Gegenwart. Ich habe Wichtigeres zu tun.
Pallas: Gut, wie du meinst. Ich wollte dir nur mitteilen, welches Gerücht in der Stadt immer mächtiger wird. Aber wenn es dich nicht interessiert, dass ein echter Jude an deinem Thron rüttelt …
Herodes: Was erzählst du da? Meine Macht ist unantastbar.
Zweimal habe ich Kaiser Augustus in Rom besucht; er ist mir wohl gesonnen. Meine Kriege und Feldzüge habe ich in seinem Namen erfolgreich geführt; das unbedeutende Samaria ist dank meiner Pläne prachtvoll und trägt den Namen »Sebaste« zu Ehren des erhabenen Kaisers.
Augustus weiß, was er an mir hat. Nicht umsonst hat er mein Herrschaftsgebiet erweitert.
Und auch das Volk ist bei mir in guten Händen.
Oder hast du vergessen, dass ich Ladungen ägyptischen Getreides kommen ließ, um eine Hungersnot abzuwenden?
Hast du vergessen, dass durch mich ganz Jerusalem Wasserleitungen bekommen hat?
Hast du vergessen, wie viel Freude dieses Volk an den Aufführungen des von mir erbauten Amphitheaters hat?

Und die Olympischen Spiele: Ohne mein Geld wären sie längst sang- und klanglos vorbei. Ich habe ihnen sogar Steuern erlassen, als eine Dürreperiode Getreide beinahe unerschwinglich werden ließ.
Und so einen König soll sein Volk nicht lieben?
Pallas: Herodes, du kannst dir Herzen nicht kaufen. Und die Herzen des Volkes Israel schon gar nicht.
Dieses Volk liebt nur seinen Gott und fühlt sich von ihm erwählt. Und dieser Gott befiehlt in der hochheiligen Tora: Nur aus der Mitte der Juden darfst du einen König über das Volk Israel setzen.
Und du bist nicht aus der Mitte der jüdischen Brüder. Deine Inthronisation verstößt gegen Gottes Gebot.
Was, wenn da einer kommt, aus dem Haus Davids?
Herodes: Wie heißt es beim Propheten Jeremia: »Siehe, es kommt die Zeit, spricht Gott der Herr, dass ich dem David einen gerechten Spross erwecken will. Der soll ein König sein, der wohl regieren und Recht und Gerechtigkeit im Lande üben wird.«
Was hast du gehört, sag es!
Pallas: Nicht so heftig, mein Lieber. Sonst erfährst du gar nichts von mir.
Es heißt eine Gruppe der Pharisäer hat sich zusammengerottet und sie prophezeien das Ende deiner Herrschaft. Sie starren nächtelang zum Himmel, ob nicht auch eine besondere Sternenkonstellation ihre Ahnung bestätigt.
Herodes: Sie sind keine Sternkundigen, was erheben sie sich und suchen nach Zeichen, die sie doch nicht deuten können!?
Ich werde erneut hart gegen sie vorgehen müssen. Sie sollten sich gut überlegen, gegen wen sie sich erheben.
Und jetzt geh mir aus den Augen. Schick mit mir meinen Sohn zu mir.
Pallas: Welchen von den … neun Söhnen willst du sehen, oder hab ich gar einen vergessen – von einer meiner Vorgängerinnen?
Herodes: Geh mir aus den Augen und schick mir unseren Sohn Phasael. *(kleine Pause)*
Niemand nimmt mir meinen Thron. Und dieser Zweck heiligt alle Mittel.

Erzähler: Es begab sich aber zu der Zeit …
Lk 2,1–20 wird gelesen.

Lied

»Vom Himmel hoch, da komm ich her« *(EG 24/GL 237, Strophen 4–7)*
Oder: »Weil Gott in tiefster Nacht« *(TfG 512)*

III.4 Himmlische Gespräche

Renate Jensen

Vorbereitungen

Rollen:
Die folgenden Dialoge finden zwischen Maria und dem Engel Gabriel sowie Gabriel und einem Harfenengel statt. Auf diese besondere Situation macht der Erzähler zu Beginn aufmerksam.

Kulisse und Requisiten:
In der weihnachtlich geschmückten Kirche bei Kerzenlicht werden der hell gekleidete Engel und die einfache Frau Maria mit einem blauen Umhang eine besondere Ausstrahlung haben.
Wenn möglich, könnte durch eine einfache Stellwand ein Haus angedeutet werden, in dem Maria vielleicht zunächst still sitzt, bevor die Begegnung der beiden stattfindet.
Vorsicht ist geboten bei den himmlischen Requisiten. Es darf nicht ins Lächerliche abgleiten. Vielleicht reicht es, wenn beide Engel schlichte helle Gewänder tragen.

Aufführungsdauer:
Szene I benötigt 15 Minuten, Szene II 30 Minuten.

Lied

»O Heiland, reiß die Himmel auf« (EG 85/GL 231)

Szene I: Die Botschaft des Engels Gabriel

Erzähler: Maria war eine junge, unverheiratete Frau aus Nazaret. Gott hatte Großes mit ihr vor. Eines Tages besuchte sie der Erzengel Gabriel. Wir dürfen heute dabei sein:

Gabriel: Da liegt er, der kleine Ort Nazaret. Und hier soll die Frau leben, die Gottes Sohn zur Welt bringen wird.
Nazaret. So was. Aber *er* wird ja wissen, was er tut.

Ich bin ja nur der Bote. Ein einfacher Bote Gottes … Naja, sooo einfach nun auch wieder nicht! Immerhin kündige *ich* die Geburt seines Sohnes an.
Nicht irgendwer, nein, ich: der Engel Gabriel!
Und ich habe mir gut gemerkt, was ich zu sagen habe. Schließlich verändert die Geburt dieses Kindes die ganze Welt.
Kürzlich war ich bei Zacharias und Elisabet. Auch die haben gestaunt, was ich zu sagen hatte.
Und jetzt gehe ich zu Maria, so ist ihr Name. Maria.
Sie hat er ausersehen. Fragt mich jetzt bloß nicht warum! Ich weiß es jedenfalls nicht.
Ich hörte, sie ist ein ganz junges Mädchen, aus einfachstem Haus. Keine Herkunft, keine Bildung, ganz einfach: ein Mädchen.
Aber ihr wisst ja: Gottes Weges sind nicht unsere Wege und Gottes Gedanken sind nicht unsere Gedanken.
Ich hörte, sie ist Josef, dem Zimmermann versprochen.
Zimmermann – hm, sicher ein ehrenwerter Beruf, aber da soll der Sohn Gottes angemessen aufwachsen?!
Na ja, ich muss das ja nicht verstehen. Wie gesagt, ich bin ja nur der Bote.
So, genug jetzt. Ich muss meine Gedanken sammeln und die Botschaft überbringen.
Da, da hinten, das muss sie sein …
Wirklich, eine ganz junge Frau, fast noch wie ein Kind.
Ihr Name passt zu ihr: Maria bedeutet »weise, nachdenklich, geliebt«.
Wenn ich sie so anschaue, glaube ich, er hat doch eine gute Wahl getroffen:
So offen ist ihr Gesicht, so klar die Augen. Ein weites Herz muss sie haben, die Mutter Gottes. Gerne überbringe ich ihr die Botschaft Gottes.
Ich will leise zu ihr sprechen, will sie nicht erschrecken.
Eine Freudenbotschaft ist es ja, die ich überbringe.
Maria: Ein neuer Tag ist da. Die Sonne ist schon aufgegangen und es gibt viel zu tun für mich. Mein Gebet habe ich gesprochen. Gott wird mich leiten auch an diesem Tag.
Aufgeregt bin ich schon, denn heute wird mein Vater den Mann treffen, dem ich anvertraut bin: Josef, den Zimmermann. Ich werde mein Elternhaus verlassen und Josef wird mich zu sich nehmen.
Josef ist ein guter Mann. Er betet zu dem Gott, dem ich vertraue. Das ist sehr wichtig für mich. Dieser Gott wird uns bewahren vor allem Bösen und uns stärken auf allen Wegen, die er uns gehen lässt.
Ich freue mich auf mein Leben mit Josef. Ich kenne ihn kaum, aber mein Vater sagt, ich werde es gut haben bei ihm und er will eine große Familie gründen.

Sicher wünscht er sich einen Sohn, der ihm bei seiner Arbeit helfen kann eines Tages. Denn zu zweit ist die schwere Arbeit als Zimmermann besser zu schaffen.
Ich bete, dass Gott uns einen Sohn schenkt. Er weiß, wie sehr ich ihn lieben und schützen würde. In unserm Zuhause würde er sicher leben und ganz bestimmt würde er das schönste Bettchen im ganzen Dorf haben, von seinem Vater selber gemacht. Und welchen Namen würde ich ihm geben … Ach, ich träume ja bloß … Aber irgendetwas ist so merkwürdig heute, anders.
Ist hier jemand? Ich habe das Gefühl, ich bin nicht allein.
Da ist … ein Licht, ein Wind, nein, ein Hauch … wer ist hier?
Gabriel: Fürchte dich nicht, Maria, denn du hast Gnade bei Gott gefunden.
Siehe, du wirst schwanger werden und einen Sohn gebären, und du sollst ihm den Namen Jesus geben. Er wird groß sein und Sohn des Höchsten genannt werden, und Gott wird ihm den Thron seines Vaters David geben; und er wird König sein über das Haus Jakob in Ewigkeit und sein Reich wird kein Ende haben.
Maria: Guter Gott! Was hast du mit mir vor? Was hast du mit den Menschen vor?

Lied

»Maria durch ein Dornwald ging« (GL 224)

Szene II: Gabriel und der Harfenengel

Die zweite, längere Szene wird von Liedern kurz unterbrochen und aufgelockert.

Erzähler: Lassen Sie sich einfach einmal auf Engelsflügeln tragen, weit, bis in den Himmel hinein!
Ja, wir machen den weiten Weg hoch hinauf und dürfen himmlischen Gesprächen lauschen, die vielleicht so oder so ähnlich stattgefunden haben.

Gabriel: Halleluja! Sei gegrüßt! Was für ein herrlicher Morgen! Schau dir an, wie die Morgensonne auf die Erde scheint. Ich liebe sie, diese schöne Erde. *Er* hat sie so einmalig gut und sorgfältig geschaffen. Und mit so viel Fantasie!
Auch wenn wir mit denen, die darauf leben, alle Mühe haben! So schnell kann man manchmal gar nicht fliegen, wie die ihr Leben riskieren da unten und es noch nicht mal merken. Wenn ich da nicht schon so manches Mal meinen Flügel dazwischengehalten hätte … Trotz alledem: Ich liebe sie, diese Menschenkinder da unten.
Harfenengel: O, Gabriel. Wie kann man so früh am Morgen so munter sein und so viel reden. Deinen Schwung möchte ich haben.
Gabriel: Ich arbeite einfach sehr gern für unseren Herrn. Deshalb beauftragt er mich ja auch mit so vielen wichtigen Botschaften.
Erinnerst du dich? Mein Besuch bei Elisabet, der Frau des Zacharias? Als Zacharias gar nicht glauben konnte, dass Elisabet noch ein Kind bekommen sollte?
Erinnerst du dich nicht? Dass ich dort geschickt …
Harfenengel: Ja, Gabriel, ich erinnere mich! Ich erinnere mich ganz genau und ich weiß auch, dass du das alles sehr gut gemacht hast, obwohl … Ein bisschen vorsichtiger hättest du mit Maria doch umgehen können! Ihr in ihrem kleinen Häuschen aufzulauern und ihr die Wahrheit einfach so ins Gesicht zu sagen. Ich weiß nicht, vielleicht wäre es besser gewesen, auf Josef zu warten, statt Maria allein das alles anzukündigen.
Gabriel: Von Josef hat mir keiner was gesagt! Und außerdem, was geht das Josef an?! Das ist doch Chefsache, oder?
Harfenengel: Gabriel!
Aber du hast ja recht. Gott selbst hat Maria ausersehen, eine ganz besondere Mutter zu werden. Die Mutter seines Sohnes. Und doch hat er ihr ja Josef an die Seite gegeben, um diesen Weg zu gehen.
Übrigens haben wir in genau dieser Angelegenheit heute noch was zu tun.
Gabriel: Okay, was soll ich wem heute sagen?

Harfenengel: Ganz langsam. Du sollst heute ausnahmsweise mal gar nichts alleine tun. Wir gehen zusammen.
Gabriel: Wir beide, auch gut. Wohin gehen wir?
Harfenengel: Nein, nicht du und ich. Ich meinte, wir alle: die gesamten Heerscharen aller Engel.
Wir haben heute alle gemeinsam einen Auftrag.
Gabriel: Donnerwetter, das hört sich an, als ob das sehr wichtig sein könnte.
Sollen wir uns einem Machthaber in den Weg stellen?
Sollen wir einen Kampf beenden?
Oder Leben retten?
Harfenengel: Gabriel, du redest einfach zu viel, aber trotzdem: eigentlich von allem, was du sagst, ein bisschen.
Ruf einfach die anderen zusammen. Wenn es dunkel ist, geht es los.
Gabriel: Wohin geht es überhaupt? Jerusalem? Jericho? Askalon?
Harfenengel: Nein, viel, viel kleiner. Nach Betlehem.
Gabriel: Betlehem?! Was sollen wir in dem Kuhdorf, äh, … kleinen Ort?
Harfenengel: Singen, Gabriel, einfach nur singen.

Lied

»Hört der Engel helle Lieder« (EG 54)

Harfenengel: Was für ein Abend! Unglaublich, was da geschehen ist.
Und dieser Gesang unseres Engelschores … ich stand mittendrin und umgeben von diesen wunderbaren Stimmen. So schön haben wir unser Gloria noch nie gesungen. *(kurze Pause)* Findest du das nicht auch, Gabriel. *(Stille)* He, was ist los mit dir! Sag was, bist du krank, fühlst du dich nicht gut?!
Gabriel: Doch, doch, alles ist gut mit mir. Alles ist gut.
Ich kann einfach nicht begreifen, was da unten auf Erden passieren soll.
Ich dachte, ich hab Maria gesagt, dass sie den Sohn Gottes zur Welt bringen wird.
Ich dachte, ich hab etwas ganz Großes angekündigt. Ich dachte, jetzt wird alles anders.
Aber nun!
Harfenengel: Ich versteh nicht, was du meinst, Gabriel. Es ist doch alles richtig, was du angekündigt hast. Gottes Sohn ist geboren und wir haben heute davon gesungen.
Gabriel: Ja, genau das ist es ja. Merkst du denn gar nichts mehr? Wir haben heute davon gesungen, ja, aber *wo* und *wem*?

Auf den kargen und verlassenen Feldern vor Betlehem haben wir gesungen! Vor einer armseligen Horde von einfachen Hirten haben wir gesungen!
Und wo sollten wir davon singen?
Mitten in Jerusalem auf dem Marktplatz oder meinetwegen in Jericho von den Türmen herunter. Aber nun? Jetzt wissen zehn oder zwölf Hirten davon und humpeln in einen Stall mit ihrer schäbigen Kleidung und den zerlumpten Hüten? Ist das die einzige Antwort auf unser Gloria?
Harfenengel: Gabriel, hast du eigentlich statt auf ihre Kleidung in ihre Gesichter gesehen?! Hast du gesehen, wie sie strahlten, wie die Augen glänzten?
Gabriel: Ja, das habe ich.
Ich habe genau gesehen, wie sich ihre Angst in Freude verwandelte. Sie haben uns zugehört, wie gebannt. Und sie strahlten vor Glück. Da hast du recht.
Und trotzdem, was soll das alles?!
Und warum in Betlehem vor Hirten?
Harfenengel: Gerade die Hirten, Gabriel, die, die keiner sieht, lässt er sein Kind schauen.
Gerade sie, auf die kein Mensch hören will, werden nicht aufhören, davon zu erzählen.
Gerade sie, die niemand achtet, ihnen wird eine große Ehre zuteil.
Und deshalb werden gerade sie das Wunder dieser Heiligen Nacht weitergeben.

Lied

»O Bethlehem, du kleine Stadt« (EG 55)

Gabriel: Wie schwer sind für mich, Gott, deine Gedanken. – So alt dieses Gebet auch ist, ich weiß jetzt endlich, was der Betende meint: Ich verstehe unseren Gott nicht. Ein Kind soll diese Welt verändern?!
Harfenengel: Wer sonst, Gabriel, wer sonst noch zwischen Himmel und Erde soll die Menschen berühren?
Überleg mal, was hat Gott nicht schon alles unternommen, um die Liebe der Menschen zu gewinnen? Was hat er nicht schon alles getan, um ihre Herzen zu öffnen und ihre Seelen zu berühren?
Was für ein Zeichen soll er noch setzen, um das Vertrauen von Menschen zu gewinnen? Es genügte nicht, das Rote Meer austrocknen zu lassen und ein ganzes Volk zu retten.
Es genügte nicht, aus Steinen Wasser fließen und Wachteln von Himmel regnen zu lassen.

Es wurden die Worte von Propheten nicht gehört, weder die drohenden, noch die zornigen, noch die liebevoll werbenden. Ochse und Esel kennen ihren Herren, aber mein Volk kennt seinen Gott nicht.
Ja, die Liebe. Sie ist die stärkste Kraft. Sie allein ist der Grund, dass unser Herr unermüdlich auf die Menschen zugeht. Nicht, weil sie so tüchtig sind, nein, nur weil er sie liebt!
Gabriel: Ja, ja, wo die Liebe eben hinfällt …
Harfenengel: Ach, Gabriel, du liebst sie doch auch – wie sagtest du, die Menschen da unten …
Gabriel: Klar, liebe ich sie. Und ich liebe es, ihnen Botschaften zu überbringen.
Und weißt du, einmal noch möchte ich ihnen das Wichtigste sagen, was Menschen wissen können: Gottes Liebe ist die stärkste Macht, von der uns nichts trennen kann. Sie setzt einen ganz neuen Anfang, auch da, wo wir nur ein Ende, den Tod, das Kreuz sehen.
Harfenengel: Wart's ab, lieber Gabriel. Sein Leben fängt ja heute erst an. Welches Ende es nehmen wird … Bewahre dir diese Worte, vielleicht sind sie dein Auftrag am Ende seines Weges.
Gabriel, vielleicht ist das sein letzter Versuch, Menschen nahezukommen.
Gabriel: Du hast recht. Die Menschen fordern Zeichen seiner Macht und Größe ein, aber erkennen sie dann nicht.
Vielleicht ist es der richtige Weg, in diesem schutzlosen Kind sich den Menschen auszuliefern.
Und dann ist auch Betlehem der richtige Ort. Und die Hirten sind die wahren Zeugen.
Harfenengel: Ich hab ja auch Angst, Gabriel. Du sagst es schon richtig, er liefert sich den Menschen aus. Und wir beide wissen ja, wie die Menschen sind.
Sie werden versuchen, ihn in ihre Maßstäbe und Normen zu pressen. Sie werden versuchen, ihm seine Freiheit zu nehmen. Sie werden sich fürchten vor der Weite seines Herzens und Handelns.
Er wird zu kämpfen haben mit der Angst der Menschen.
Gabriel: Es wird so sein. Unser Kind wird es nicht leicht haben. Aber wir rechnen ja mit der stärksten Kraft, die es zwischen Himmel und Erde gibt. Diese Kraft wird alle Hindernisse überwinden.

Lied

»Herbei, o ihr Gläubigen« (EG 45)

IV. Feier der Waldweihnacht

Die Feier einer Waldweihnacht erfordert eine gute und umsichtige Vorbereitung. Um dies zu gewährleisten, ist es erleichternd, eine Gruppe von Mitwirkenden zu finden. Die einzelnen Teilnehmenden entscheiden, welche Aufgabe zu ihnen passt, und übernehmen diese dann selbstständig. Wichtig ist jedoch, dass bei einer Person die Verantwortung liegt und die organisatorischen Fäden wieder zusammenlaufen.
Im Vorfeld ist zu klären, welche Zielgruppe diese Feier hat und wo ein geeigneter Ort für die Waldweihnacht sein kann. Dabei sind die unterschiedlichen Landeswald- oder Landesforstgesetzte zu erkunden und einzuhalten. Es gilt zu prüfen, ob Fackeln und kleine Laternen im Wald mitgeführt werden dürfen. Licht vom Feuerschein ist bei der Feier der Waldweihnacht unvergleichlich viel schöner, als das von Taschenlampen.
Nicht besonders passend, aber erforderlich, ist eine Mikrofonanlage für die Lesungen an den einzelnen Stationen. Da viele Menschen erwartet werden, ist es leider unumgänglich, damit die Teilnehmenden auch wirklich die Texte verstehen. Die Anlage sollte gut transportabel sein, damit sie auf den vier Stationen der Feier leicht mitgenommen werden kann.
Der Versicherungsschutz für die Teilnehmenden muss gewährleistet sein.
Ein Wald mit festen, gut begehbaren Wegen ist wichtig, ebenso ein öffentlicher Parkplatz, als Treff-und Ausgangspunkt für die Feier. Sowohl der Parkplatz als auch die drei Stationen sollen jeweils eine gestaltete Mitte erhalten: ein Kreis aus Tannenzweigen gelegt, vielleicht mit Laternen drumherum.
Bei der letzten Station wäre ein kleines Tannenbäumchen in der Mitte wichtig. Vielleicht wächst es wild oder ein kleines Topfbäumchen wird dort vorbereitend hingestellt. Eine einfache, etwas höhere Holzkrippe mit Stroh steht daneben. Wenn möglich, kann an dieser letzten Station Weihnachten ganz sinnlich miteinander gefeiert werden: Punsch und heißer Beerensaft für alle Teilnehmenden (die in der Einladung gebeten werden, Becher mitzubringen) werden angeboten sowie die im Wald »gefundenen« Kekse. Wenn der Aufwand nicht als zu groß empfunden wird, sind Strohballen zum Sitzen eine wunderbare Möglichkeit. Der Fantasie sind bei der Ausgestaltung der letzten Station keine Grenzen gesetzt: Vielleicht gibt es einen Schäfer, der mit ein paar Schafen und Hütehunden mit dabei sein kann oder ein Halter mit seinem Eselchen? Viele Möglichkeiten, die allerdings eine kleine Gruppe tüchtiger Helfer benötigen. Diese verstecken bei der Herrichtung der Stationen jeweils eine kleine Holzkiste (leicht auffindbar) unter den Tannenzweigen. Am Ende der kleinen Stationsfeier wird jeweils ein Kind eingeladen, die Kiste zu suchen und vorerst verschlossen mitzunehmen. Erst an der letzten Station wird der geheime Inhalt offenbar.

Die Lesungen benötigen drei Hauptleser: Vater, Tochter und Erzähler. Dazu kommt bei jeder Station die Begegnung mit einem Tier; dessen Gedanken werden von weiteren Lesern vorgetragen. Vielleicht ist es möglich, dass die jeweiligen Tiere ihre Darstellung finden. Es ist gerade für kleinere Kinder leichter nachvollziehbar und bringt viel Lebendigkeit. Die »Tochter«, die in unserem Stück einfach Lena genannt wird, könnte einfach große Stofftiere unter den Armen tragen: ein Lamm und einen Löwen. Vielleicht ist dies bei den anderen Tieren ebenso möglich. Exponate aus Schulen oder Museen wären sicher vorzuziehen, sind aber wohl schwer zu erhalten. Aus Spanplatten gesägte und angestrichene Holzfiguren sind denkbar.

IV. 1 Den Tieren eine Stimme geben

Renate Jensen

Vorbereitungen

Rollen:

Vater und Tochter führen die Dialoge. Wenn möglich, führen Tochter und Vater einen lebendigen Hund mit sich. In der hier beschriebenen Waldweihnacht ist es der kleine Rauhaardackel Theo. Er bleibt die ganze Zeit angeleint und an der Seite des lesenden Vaters. Vielleicht findet sich ja ein geduldiger Begleithund mit seinem Führer, der diesen Waldspaziergang genießen kann.

Materialien:

Die Tochter trägt einen Rucksack, zu dessen Inhalt gehören:

- *Pflaster, Wundsalbe, Käsebrötchen, Mineralwasser, Fingerhandschuhe und Hundeleckerlis. Diese Gegenstände werden im Laufe der Wanderung benötigt.*
- *Ein Hase, ein Wolf und ein Reh werden gebraucht.*
- *Beim Verlesen der Texte empfiehlt sich eine feststeckbare kleine LED-Lampe. Dabei steht das jeweilige Tier dann vor dem Lesenden oder es wird im Arm gehalten.*

Termin:

Eingeladen wird zum 23. Dezember.

Am Treff- und Ausgangpunkt Waldparkplatz

Wenn das Mittragen von offenem Feuer erlaubt ist, werden in größerer Anzahl mitgebrachte Fackeln an die Erwachsenen verteilt und entzündet. Wenn Kinder Laternen mitgenommen haben, ebenso. Alle Teilnehmenden stellen sich rund um die vorbereitete Tannenzweigmitte auf. Die Namen sind entsprechend anzupassen.

Erzähler: Ich heiße euch alle ganz herzlich willkommen hier an diesem Waldrand. Es ist ein ganz besonderer Abend. Wir wollen im Wald Weihnachten feiern. Obwohl: Weihnachten ist ja erst morgen! Wie kommt es, dass wir jetzt hier schon stehen? Und ich finde gar nichts Weihnachtliches. Kein Tannenbaum, kein Kerzenlicht, keine Süßigkeiten, kein Putenbraten, keine Geschenke, … Merkwürdige Waldweihnachten. Vielleicht können Lena und ihr Vater mit Dackel Theo uns da weiterhelfen. Hört mal zu, warum die beiden heute hier sind.

Vater: So, liebe Lena, nun sind wir am Wald. Jetzt hast du deinen Willen bekommen und wir werden sehen, ob die Waldtiere mit uns Weihnachten feiern wollen, wie du gemeint hast.
Lena: Papa, natürlich wollen die Tiere Weihnachten feiern! Oder meinst du, Jesus ist nur für uns Menschen auf die Welt gekommen? Der liebe Gott hat doch auch alle Tiere gemacht. Und denkst du, wir sind wichtiger, nur weil wir Menschen sind? Gott ist Gott für Tiere und Menschen.
Vater: Ja, klar. Aber weißt du, unserem Theo ist es doch ziemlich egal, ob da ein Christkind in der Krippe liegt. Oder?
Lena: Aber es ist ihm nicht egal, ob wir alle im Frieden miteinander leben und ob wir die Tiere lieb haben und gut behandeln. Es ist ihm nicht egal, ob er satt wird und wir aufpassen auf ihn. Und das ist doch auch Weihnachten? Neulich hast du aus der Kinderbibel gelesen und da stand drin, dass Gott Frieden will zwischen allen Geschöpfen! Und auf dem Bild dazu, da lag der Löwe neben dem Lamm und ein Baby spielte sogar am Eingang einer Schlangengrube. Da war auch kein Tannenbaum und keine Geschenke. Aber Friede. Deshalb feiern wir Weihnachten mit allen Tieren.

Lena setzt Lamm und Löwe auf die Tannenzweige eng nebeneinander.

Vater: Du hast ja recht, Lena. Gott hat die ganze Schöpfung geschaffen und will, dass sie in Frieden lebt. Da werden Lamm und Löwe beieinanderliegen, so heißt es in der Bibel. Aber sag mal, was ist denn da in deinem Rucksack alles drin? Was hast du da bloß mitgenommen?

Lena nimmt den Rucksack von ihrem Rücken und packt aus. Im Rucksack befinden sich Heftpflaster und eine Wundsalbe, eine kleine Flasche Mineralwasser, Hundeleckerlis, ein Brötchen mit einer Scheibe Käse belegt und ein paar Fingerhandschuhe.

Lena: Das will ich dir gerne zeigen! Schau mal: Handschuhe gegen kalte Hände. Weil ich ja so oft stolpere und hinfalle, hab ich sicherheitshalber Heftpflaster und eine Wundsalbe mit. Falls Theo Hunger bekommt, habe ich ein paar Leckerlis dabei. Und falls ich Hunger bekomme, ein leckeres Käsebrötchen und – weil ich danach immer durstig bin – Wasser. Ich bin vorbereitet. Von mir aus können wir losgehen.

Erzähler: So, nun wissen wir es ganz genau: Lena, ihr Vater und Theo wollen im Wald Weihnachten feiern, weil durch die Geburt von Jesus ganz klar geworden ist, dass Gott die ganze Welt liebt und Frieden will, auch zwischen Mensch und Tier.

Lied

Bevor wir in den Wald hineingehen singen wir gemeinsam den Kanon:
»Mache dich auf und werde licht« *(GL 219)*

Der Erzähler stimmt mit sangesfreudigen Helfern an. Da dieser Kanon sehr bekannt und auch schnell singbar ist, wird auf Liederzettel verzichtet. Er wird am Ende jeder Station gesungen.

Erste Station im Wald: Weihnachten heißt Heilwerden

Alle Teilnehmenden stellen sich im Kreis um die vorbereitete Mitte. Lena setzt Lamm und Löwe wieder nebeneinander.

Erzähler: Lena, ihr Vater und Theo gehen in den Wald hinein. Sie sind gespannt, mit welchem Tier sie heute Weihnachten feiern können. Aber leider ist alles ganz still und kein Tier zeigt sich. Nur Theo ist auf dem Weg ganz aufgeregt. Er schnuppert und schnuppert, als ob er eine Spur verfolgt.

Vater: Merkwürdig, was hat der Theo nur. Die ganze Zeit zieht er an der Leine, bekommt die Nase gar nicht mehr hoch, schnuppert nur hin und her. Ich glaube, der hat eine Spur verfolgt.

Lena: Wer weiß, was er gerochen hat. Vielleicht ist hier doch ein Tier und wir sehen es nur nicht.

Vater: Das kann schon sein; ich hab ihn eben gar nicht von dort wegziehen können; er wollte unbedingt dort unter den Baum.

Vater zeigt auf eine für Lena gut erreichbare Stelle an einem Baum. Dort hat ein Helfer einen Hasen (aus Stoff, Exponat oder Holz) hingesetzt.

Lena: Ich schau einfach mal ganz vorsichtig nach, ja? Vielleicht ist da ein Tier, das unsere Hilfe braucht oder Hunger hat. *(Lena geht zum angezeigten Baum und beugt sich nieder und ruft:)* Da sitzt ein Hase, Papa. Ich glaub er ist verletzt. Seine Pfote blutet.

Vater: Nicht anfassen, Lena. Man fasst nicht einfach die Tiere im Wald an. Sie sind es nicht gewöhnt und mögen es auch gar nicht. Außerdem könnten sie Krankheiten übertragen.

Lena: Ich weiß das alles. Aber er ist verletzt, Papa! Und der barmherzige Samariter ist auch nicht einfach am Verletzten vorbeigegangen. Ich hol mir schnell meine Handschuhe als Schutz.

Lena holt die Handschuhe aus dem Rucksack, läuft wieder zum Baum und kommt mit einem Hasen im Arm zurück. Beim entsprechenden Stofftier/Exponat kann eine Pfote mit einem kleinen Stück roten Stoff umwickelt sein.

Lena: Der Arme. Er ist verletzt, Papa. Wir dürfen ihn nicht einfach sitzen lassen. Die Wunde ist ganz schmutzig. Nimm mein Wasser bitte, Papa, und säubere mal das Pfötchen. *(Vater holt das Mineralwasser raus, »wäscht« die Wunde.)* Vielleicht ein bisschen von der Wundsalbe drauf tun, Papa. Und ein kleines Pflaster, das fällt sowieso irgendwann ab, aber gibt jetzt etwas Schutz. *(Vater handelt entsprechend)* So, mein Kleiner, gleich bist du wieder besser dran. Dann tut dir nichts mehr weh.

Vater: Wie heißt es im Buch der Offenbarung: Es wird keinen Schmerz, kein Leid und keine Tränen mehr geben bei Gott.

Lena: Siehst du, heute ist Gott durch uns bei diesem kleinen Hasen. Wir sind heute Gottes Hand und heilen den Hasen. Schau mal, der hoppelt gar nicht weg. Der will mit uns Weihnachten feiern.

Lena setzt den Hasen neben Lamm und Löwe auf die Tannenzweige. Der Leser tritt zum Hasen und spricht für ihn.

Hase: Das sind ja liebe Menschen! Noch nie bin ich solchen begegnet! Und der Hund ist an der Leine die ganze Zeit. Sonst passen die Menschen nie auf und ich werde ständig von Hunden gehetzt, deren Besitzer sie von den Leinen lassen. Dass sie uns dann jagen, ist ja klar. Und ich renne um mein Leben. Ihr glaubt nicht, wie viel Angst ich habe. Aber hier, hier ist alles so friedlich, so anders. Als ob wir alle zusammengehören und etwas ganz Besonderes feiern. Das Mädchen sagte: Weihnachten. Das hab ich schon mal gehört. Da war was mit einem kleinen Kind, einem Stall mit Stroh und einem Stern. Irgendwie geheimnisvoll. Ich möchte mehr wissen. Und da mein Pfötchen gut heil geworden ist, hopple ich einfach hinterher.

Beim Aufbruch nimmt dieser Leser den Hasen mit.

Erzähler: Der kleine Hase hat verstanden, dass Weihnachten Heilwerden bedeutet. Doch er hat auch noch viele Fragen. Die wollen wir uns merken. Vielleicht gibt es etwas, das uns an die Worte des Hasen erinnert. Eine kleine Merkkiste müsste man haben. Hm. Es scheint mir fast, als ob da unter dem Tannenzweig etwas liegt. Magst du mal unter den Tannenzweig schauen?

Erzähler spricht direkt ein Kind an, das sicher gerne nachschaut und die kleine vorbereitete Kiste findet und an sich nimmt. In dieser Kiste sind Strohsterne, die später an unsere kleine Tanne gehängt werden.

Erzähler: Danke! Bitte lass das Kistchen zu und nimm es einfach vorsichtig mit. Sicher brauchen wir es noch. Wir singen unser Lied und gehen weiter.

Lied

»Mache dich auf und werde licht« *(GL 219)*
Oder: »Alle Knospen springen auf« *(GfY 421)*

Zweite Station: Weihnachten heißt, Angst zu überwinden

Wenn alle Teilnehmenden sich im Kreis aufgestellt haben und alle Tiere (Lamm, Löwe und Hase) auf den Tannenzweigen sitzen, beginnt der Erzähler.

Erzähler: Auf dem Weg durch den Wald erblicken Lena und ihr Vater ein ganz scheues Tier, das erst seit kurzer Zeit sich wieder in einigen Wäldern finden lässt: einen wunderschönen Wolf.

Lena: Lass uns ein bisschen langsamer gehen, Papa. Ich kann sonst gar nicht nach Tieren Ausschau halten. Irgendwas sehe ich da hinten. Sieht aus wie ein großer Hund.
Vater: Na, das wär ja was! Wer lässt seinen Hund alleine frei im Wald laufen? Das geht ja gar nicht.
Lena: Sieht aus wie ein Schäferhund. Aber er ist ganz scheu. Jetzt duckt er sich zu Boden und macht sich ganz flach.
Vater: Wie ein Schäferhund? Sag mal, könnte das ein Wolf sein?
Lena: Ein Wolf!? Oh, nein! Ich habe Angst. Die sind gefährlich.
Vater: Lena! Schalt mal deinen Kopf ein. Märchen sind gefährlich, in denen der Wolf als so böse hingestellt wird. Wölfe sind wunderbare Tiere, die in einem ganz guten und festen Rudelgefüge leben. Sie sind sehr sozial, helfen und schützen einander. Den bösen Wolf, Lena, den gibt es nicht.
Lena: Meinst du? Ich muss keine Angst haben?
Vater: Ein Wolf will vom Menschen gar nichts, außer in Ruhe gelassen werden. Lass uns einfach langsam und still weitergehen. Und schau ihn dir noch mal an. So ein wunderschönes Tier in freier Wildbahn sehen zu können! Das ist ein Weihnachtsgeschenk, das sag ich dir.
Lena: Schau, Papa, er weicht uns aus und zieht sich tiefer in den Wald zurück. Wie schön er ist! Warum ich nur solche Angst hatte. Dumm von mir. Wenn man sich richtig verhält, kann man dem Wolf vertrauen. Aber schau, Theo muss ihn gerochen haben und ist ganz unruhig und ängstlich. Dabei ist es doch ein Verwandter von ihm.
Vater: Vielleicht kann man das so sagen, aber Wolf und Hund können nicht wirklich etwas miteinander anfangen. Gib Theo von den Leckerlis, dann beruhigt er sich. Und dann lass uns langsam weitergehen.

Lena nimmt ein paar Leckerlis und gibt sie Theo.

Erzähler: Nun hört, was der Wolf vielleicht denkt.
Wolf: *(Der Leser tritt vor und stellt den Wolf mit in den Tannenkreis.)* Ich rieche Menschen. Ich mag den Geruch nicht. Sie hassen uns Wölfe. Sobald sie uns sehen, rennen sie weg und schreien. Oder sie schießen auf uns und jagen uns. Menschen sind böse. Aber warum schreien diese Menschen nicht? Warum werfen sie nicht mit Stö-

ckern nach mir. Ich will mich lieber ducken, vielleicht sehen sie mich nicht. Doch! Sie sehen mich. Sie schauen mich direkt an. Ich entdecke aber gar keine Angst und keine Wut in ihren Gesichtern. Sie sehen sogar freundlich aus. Und was sagt der große Mensch? Ich muss mal meine Ohren spitzen. Er sagt: Böse Wölfe gibt es nur im Märchen! Diese Menschen vertrauen mir. Sie wagen es, mir zu begegnen. Das ist ein Wunder. Das ist eine ganz besondere Nacht. Menschen haben keine Angst vor mir. Menschen sind nicht böse in dieser Nacht. Alles ist ganz anders.
Ich werde ihnen ein Stückchen folgen; vielleicht geschieht noch etwas ganz Besonderes.

Der Leser nimmt von nun an den Wolf mit auf den Weg.

Erzähler: Der Wolf hat erlebt, dass es in dieser besonderen Nacht keine Angst mehr gibt. Keiner fürchtet den anderen. Auch das ist Weihnachten. Wir wollen uns gut merken, was der Wolf uns gelehrt hat. Ob wieder ein kleines Merkkistchen verborgen ist? Magst du mal da nachschauen?

Erzähler ruft ein Kind auf und gibt einen kleinen Hinweis, wo die Kiste verborgen ist. In dieser zweiten Kiste sind bereits ausgeschnittene rote Pappherzen mit kleinen Fäden zum Aufhängen enthalten. Auch sie bleibt verschlossen und wird von dem Kind getragen.

Lied

Wir singen nun unseren Kanon und gehen weiter:
»Mache dich auf und werde licht« *(GL 219)*
Oder: »Ein grüner Zweig am toten Stamm« *(GfY 419)*

Dritte Station: Weihnachten heißt, Ungewöhnliches zu wagen

Wenn alle Tiere auf dem Tannenkreis und alle Teilnehmenden rundherum ihren Platz gefunden haben, beginnt der Erzähler.

Erzähler: Alles Verletzte wird heil und alle Angst überwunden. Was lehrt uns die Waldweihnacht auf dieser Station?

Vater: Darauf hatte ich gehofft, Lena! Schau da hinten ein Rudel Rehe. Drei, vier, nein, sogar fünf. Ganz schön dicht dran stehen die.

Lena: Wie süß! Ich mag Rehe. Und die laufen gar nicht weg, sie haben gar keine Angst.
Vater: Ich glaube schon, dass sie große Scheu vor Menschen haben, aber im Winter schaltet ihr ganzer Stoffwechsel runter. So sparen sie Energie in einer Zeit, in der es wenig Futter gibt. Ihr Fluchtverhalten verändert sich, sie sind insgesamt ruhiger und müssen gut abwägen, welche Situation Flucht erfordert.
Lena: Also meinen sie, dass wir nicht so gefährlich sind.
Vater: Wahrscheinlich. Sie werden ein wenig an Spaziergänger gewöhnt sein. Aber dicht ran würden sie uns nicht lassen.
Lena: Und ziemlich dünn sind sie. Bei dem einen Reh sieht man die Rippen. Ich glaube, ich werfe ihm mal mein Brötchen zu.
Vater: Lena, Rehe essen keine Käsebrötchen.
Lena: Dann nehme ich den Käse ab und werfe nur das Brötchen hin. Ist auch ohne Butter; die mag ich ja nicht.
Vater: Man soll Wildtiere nicht füttern! Der Förster achtet schon auf sie.
Lena: Zu spät! Tut mir leid. Soll ich es schnell zurückholen?
Vater: Bleib mal stehen! Schau dir das an: Eine Ricke kommt auf uns zu und nähert sich dem Brötchen! Ich fass es nicht! Die schnuppert dran!
Lena: Sie leckt das Brötchen an! Das glaubt uns kein Mensch! Schau mal, jetzt guckt sie in unsere Richtung und wackelt mit der Nase.
Vater: Sie wittert natürlich den Menschengeruch. Aber sie bleibt still stehen. Äußerst ungewöhnlich! Was für schöne dunkle Augen!
Lena: Aber Brötchen mag sie nicht. Sie bleibt einfach stehen und schaut uns an.
Vater: Komm, Lena. Wir gehen ganz langsam weiter. Wir wollen sie nicht erschrecken. So ein ungewöhnliches Verhalten!
Lena: Ja, aber manchmal muss man doch Ungewöhnliches wagen, um uns Menschen zu überraschen. Etwas tun, womit kein Mensch rechnen kann.
Vater: Mir ist, als wenn du von Weihnachten sprichst. Gott hat auch was getan, womit kein Mensch rechnen konnte: Er schickt ein Kind in die Welt. *(Kurze Sprechpause)* Und jetzt hast du nichts mehr zu essen, Lena!
Lena: Ach Papa! Ich bin so satt. Vielleicht macht mich das Glücklichsein so satt. Ich hab das Gefühl: Ich brauche gar nichts!

Erzähler: Hört mal, was das Reh vielleicht denkt.

Reh: Da sind wieder Menschen. Bestimmt kommen sie gleich durch den Wald gestolpert und rennen hinter uns her. Die Kinder wollen uns immer streicheln. Irgend-

wie können sie uns nicht in Ruhe lassen. Dabei sind wir viel schneller als sie. Aber nein! Diese Menschen bleiben still stehen und schauen nur. Ob ich einmal wage, auf sie zuzugehen? Ein bisschen neugierig bin ich ja schon; ich hab sie noch nie so richtig dicht gesehen? Und diese stehen wirklich ganz still. Was hat der kleine Mensch da geworfen? Ich rieche was. Aber ich kenne den Geruch nicht. Nun wage ich es einfach. Auch wenn wir Rehe so was eigentlich nicht tun. Heute wage ich Ungewöhnliches. Ganz langsam. Schritt für Schritt. Notfalls springe ich davon, so viel Kraft hab ich immer. Aber die Menschen stehen immer noch still. Was haben sie da nun hingeworfen? *(Schnuppert:)* Nee, mag ich nicht.
Aber einmal in ihre Augen schauen. Einmal ihren Geruch so richtig aufsaugen. Sie stehen immer noch. Keiner kommt näher, keiner will mich streicheln. Sie achten mich in meiner Scheu. Sie nehmen sich selbst und das, was sie sich wünschen, nicht so wichtig. Die Menschen respektieren mich. Das habe ich noch nie erlebt. Wie gut, ich habe das Ungewöhnliche gewagt. Soll ich sie noch ein wenig begleiten?

Erzähler: Lena und ihr Vater hatten wirklich eine ungewöhnliche Begegnung: ganz zutraulich und gelassen schenkt ihnen das Reh seine Nähe. Es ist schutzlos, harmlos und wehrlos. Es überrascht mit seinem total ungewöhnlichen Verhalten. Und wenn einem so etwas geschieht, dann ist man so glücklich, dass man weder Hunger noch Durst spürt. Menschen in der Nähe von Jesus haben das auch so erlebt. Jesus sagt: Wer an mich glaubt, der wird weder hungern noch dürsten. Daran erinnert uns das Reh: Es gibt Begegnungen, die machen einen so glücklich, dass man nichts anderes mehr braucht. Das wollen wir nicht vergessen. Ja, und ihr wisst es schon: Wir nehmen unser Erinnerungskästchen mit auf die letzte Station. Nun lasst uns wieder unseren Kanon singen und zur letzten Station gehen.

Erzähler fordert wieder ein Kind auf, das zuvor gefundene Kästchen verschlossen mitzunehmen. In diesem Kästchen sind einige Kekse. Um später alle damit zu stärken, sind an der letzten Station noch Kekse in Reserve.

Lied

Wir singen nun unseren Kanon und gehen weiter:
»Mache dich auf und werde licht« *(GL 219)*
Oder: »Menschen auf dem Weg« *(GfY 399)*

Vierte Station: Weihnachten bedeutet Heil und Frieden für alle

Wenn die Teilnehmenden an dieser Station angekommen sind, werden alle Tiere um den kleinen Weihnachtsbaum und die Krippe herumgesetzt. Die Teilnehmenden stellen oder setzen sich dazu.

Erzähler: Nun sind wir an unserer letzten Station angekommen. Die Krippe ist noch leer, denn Jesus wird in der Heiligen Nacht erst geboren. Doch auf dem Weg hierher haben wir viel erfahren von dem, was Weihnachten für Mensch und Tier bedeutet. Vor uns die so verschiedenen Tiere, die uns lehren wollen, dass vor Gott alles Leben gleich wert ist und er ein friedvolles Miteinander will. Gott will nicht, dass es Schmerz und Leid gibt. Heil soll in seiner Welt herrschen. So lehrte uns der kleine Hase. Er erinnerte sich, vom Kind in der Krippe gehört zu haben, er wusste vom Stern und vom Stall mit Stroh. Lasst uns schaun, was in dem kleinen Kistchen ist, das wir an dieser Station fanden.

Kind, das die erste kleine Kiste trägt, wird gebeten, diese zu öffnen. Die Strohsterne darin werden nun von den Kindern an den Weihnachtsbaum gehängt.

Erzähler: In der Begegnung mit Menschen hat unser Hase erfahren, was Heil bedeutet. Auch unser Wolf hat eine besondere Erfahrung gemacht. Er, der glaubte, von den Menschen gehasst zu werden, spürte, dass ihm Vertrauen entgegengebracht wurde. Angst war überwunden. Stattdessen Bewunderung, Respekt und Liebe dem anderen Geschöpf gegenüber. Lasst uns schauen, womit wir im zweiten Kistchen an diese besondere Begegnung zu Weihnachten erinnert werden.

Das zweite Kind wird gebeten, das Kistchen zu öffnen. Die darin befindlichen roten Pappherzen werden wieder von den teilnehmenden Kindern an den Weihnachtsbaum gehängt.

Erzähler: Das mutige Reh lehrt uns, dass Ungewöhnliches ganz neue Wege und Erfahrungen öffnet. Erfahrungen, die so überaus glücklich machen, dass man nichts anderes mehr braucht. Die Bibel sagt dazu »Seligkeit«. Die Begegnung mit dem Kind in der Krippe schenkt eine tiefe Seligkeit. Denn Gott meint es gut mit allen Geschöpfen. Lasst uns sehen, was unsere dritte kleine Kiste enthält.

Das dritte Kind öffnet die Kiste; kleine leckere Kekse sind enthalten.

Erzähler: Diese Kekse, die wir gleich miteinander teilen, sollen zeigen, dass wir uns unser Leben mit unserem Gott gut schmecken lassen sollen. Wir dürfen glücklich, ja selig sein auf dieser Welt. Gott will, dass wir in Liebe, Frieden und Heil miteinander leben. Verbunden mit allen Geschöpfen unter seinem großen Himmelszelt. Lasst uns laut und fröhlich nun unseren Kanon singen. Dann wollen wir diese schöne Waldweihnacht genießen mit Keksen und heißem Getränk. Es bricht eine Heilige Nacht an für Tier und Mensch.

Lied

Wir singen nun unseren Kanon und gehen weiter:
»Mache dich auf und werde licht« *(GL 219)*
Oder: »Ein Licht durchbricht die Nacht« *(GfY 421)*

Nachdem der Kanon/das Lied gesungen ist, werden Getränke und Kekse geteilt. Schön ist es, wenn ein gemeinsamer Schluss gefunden wird und alle zusammen mit Fackeln und Laternen den Wald wieder verlassen. Wenn möglich, den Wald – nach Absprache mit den Pächtern oder Eigentümern – am nächsten Morgen wieder herrichten.

Lieder

Jesus ist geboren

T: Karl Friedrich Barth, Peter Horst, Gerhard Grenz; M: Ludger Edelkötter

Herbergssuche

T: Rolf Krenzer; M: Detlev Jöcker; aus: Sei gegrüßt, lieber Nikolaus

2. Kein Herz! Kein Raum! Kein offnes Tor!
Und die Geburt steht kurz bevor!
Wir bitten still: Lasst uns doch ein!
Das kleinste Zimmer kann es sein!
Nein! Nein! Nein!
Sucht euch dafür dies Haus nicht aus!
Das ist doch hier kein Krankenhaus!
Hier geht's nicht! Seht ihr das nicht ein?
Nein! Nein! Nein!

Kleines Licht aus Betlehem

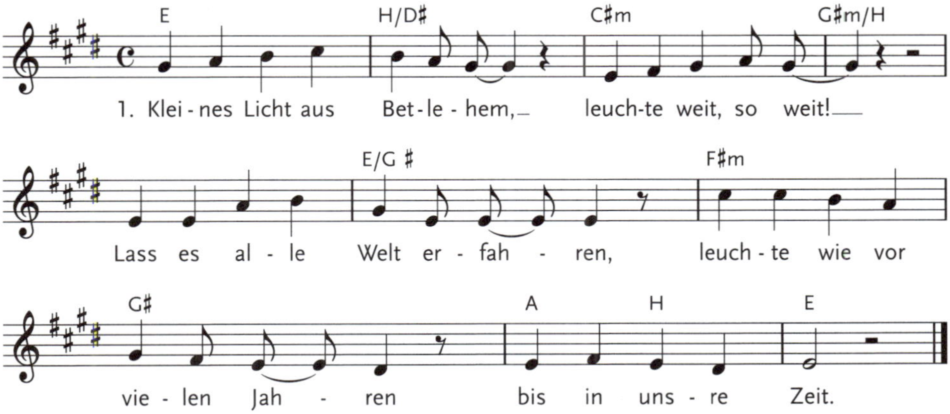

T: Rolf Krenzer; M: Reinhard Horn; aus: Weihnachten unterm Sternenzelt

2. Kleines Licht aus Betlehem,
künde von der Nacht.
Als so arm und so verloren
einst das Gotteskind geboren,
das uns glücklich macht.

3. Kleines Licht aus Betlehem,
dort im Krippenstroh
hat das Neue angefangen
und das Alte ist vergangen.
Das macht uns so froh.

4. Kleines Licht aus Betlehem,
das sei euch gesagt:
Gott hat selbst das Licht entzündet,
dass ihr's aller Welt verkündet
und es weiter tragt.

5. *erste Strophe wiederholen*

Weihnachtskerze, leuchte

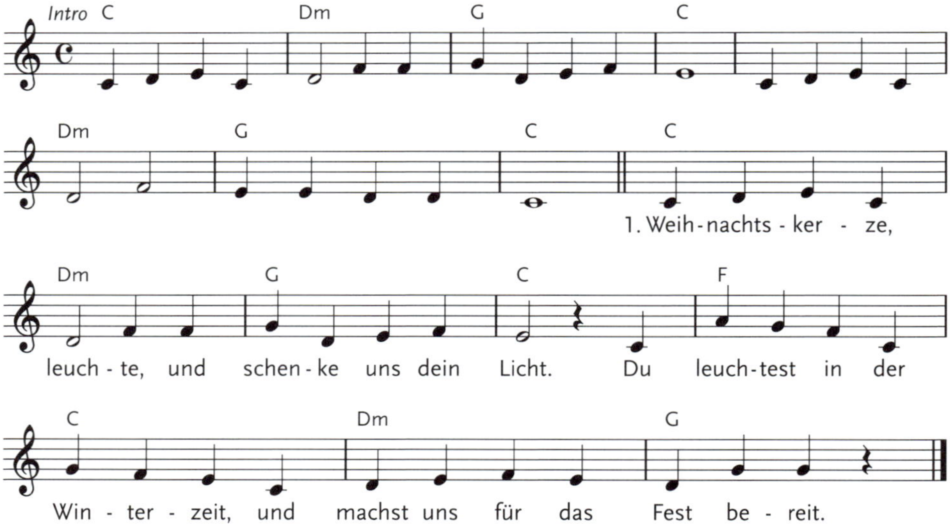

T/M: Uwe Lal; aus: Vom Laternenfest zum Weihnachtsbaum

2. Weihnachtskerze, leuchte,
und schenke uns dein Licht.
Erzähle uns von Jesus Christ,
der auf die Welt gekommen ist.

3. Weihnachtskerze, leuchte,
und schenke uns dein Licht.
Mit deinem hellen Kerzenschein
kommt Wärme in die Welt hinein.

Sage, wo ist Betlehem

T: Rudolf Otto Wiemer; aus: Jetzt und Hier. Biblische Spielstücke, Band 20,
© Deutscher Theaterverlag GmbH, Weinheim 1974
M: P. Rudolf Osanger SDB, © beim Autor

Lasst uns tanzen und auch singen

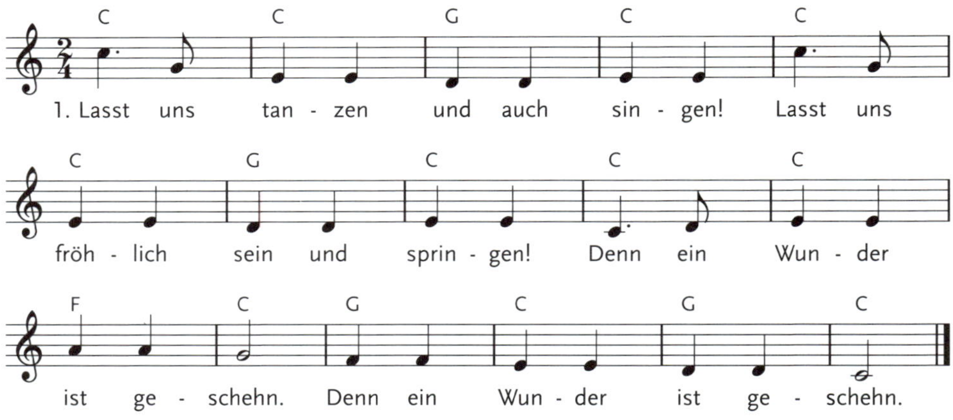

T/M: Quelle unbekannt

Quellen

Texte:

S. 22–23: Peter Spangenberg, Psalm 36, aus: Ders., Höre meine Stimme. Die Psalmen, © Agentur des Rauhen Hauses, Hamburg 2013

Bilder:

S. 7:	Gestaltete Mitte, © Renate Jensen
S. 8:	Eselchen Talitha, Maria und Josef, © /Thinkstock
S. 16:	Haus, © /Thinkstock
S. 27:	Schlüssel, © Renate Jensen
S. 38:	Hirten, © /kna-Bild
S. 115, 128:	© Andrea Göppel, www.andrea-goeppel.de

Downloads für die Vorbereitung:

I.1 Der lange Weg nach Betlehem
I.2 Getreide statt Gold!
I.3 Ein Königsmantel für das Kind
II.1 Gib mir mal bitte die Brille, ich möchte das Kind sehen!
II.2 Hast du schon einen Krippenplatz?
II.3 Wer schenkt wem was und wann?
II.4 Woher das Licht kommt
II.5 Euch ist der Heiland geboren
III.1 Tierische Gespräche im Stall von Betlehem
III.2 Gespräche in Betlehem
III.3 Gespräche unter Mächtigen
III.4 Himmlische Gespräche
IV.1 Den Tieren eine Stimme geben
Lieder

Sie finden diese Texte unter: www.herder.de/extras

Geben Sie dort die ISBN 978-3-451- 37699-3 und Ihre E-Mail-Adresse ein.

Wenn Sie Fragen haben, wenden Sie sich an: kundenservice@herder.de

Zu den Downloads gelangen Sie auch über den QR-Code:

Geben Sie dort die ISBN 978-3-451- 37699-3 und Ihre E-Mail-Adresse ein.

Wenn Sie Fragen haben, wenden Sie sich an: kundenservice@herder.de